관광스타트업

TOURISM

아이템 발굴에서 투자유치까지 관광스타트업 창업을 위한 모든 것

관광스타트업

윤지환·한석호·정명·이용찬 지음

STARTUP

PAZIT

prologue

머릿말

4차 산업혁명과 코로나19로 촉발된 급격한 대내
외적 환경변화는 관광산업에도 큰 변곡점을 만들고 있습니다. 관광
소비자들은 이전보다 안전하고 스마트한 관광을 요구하기 시작했으
며, 이에 업계에서는 전통적인 관광산업에 새로운 기술을 융합한 비
즈니스 모델들을 속속 선보이고 있습니다. 이들 관광스타트업은 급변
하는 관광 트렌드에 빠르게 적응하면서 새로운 아이디어를 기반으로
관광시장에 유동적으로 대응할 수 있는 대안으로 떠오르고 있습니다.
그리고 관광스타트업이 혁신을 통한 관광산업의 변화와 성공을 이끄
는 핵심 동력으로 관심을 받기 시작하면서, 정부에서도 어느 때보다
관광스타트업 육성을 위해 적극적이고 다양한 정책을 추진하고 있습
니다.

관광산업은 기본적으로 숙박, 교통, 식음료, 문화, 체험 등 다양한
분야가 복합적, 그리고 유기적으로 융합되어 구성되어 있습니다. 뿐
만 아니라 관광은 관광객이 물리적인 지역, 장소, 시설 및 서비스 등을
직접 가고, 보고, 경험하는 것에서부터 온라인을 통한 간접적 체험까

지를 포괄하는 광범위한 영역을 다루고 있으며 트렌드 변화에도 매우 민감한 산업 분야입니다. 이에 반해 이제까지 관광에서의 스타트업은 예비창업자들에게 다른 산업에 비해 비교적 창업까지의 진입장벽이 낮은 산업군으로 인식되어 왔습니다. 그래서 많은 신생 관광스타트업들이 기술을 중심으로 한 아이디어를 내세워 사업 모델을 구축하려고 시도했으나 관광에서의 실무 경험이 없거나 관광업계에 대한 이해 부족으로 어려움을 겪는 경우가 빈번하게 발생하였습니다.

관광은 다른 산업과 달리 상품과 서비스의 무형성, 소멸성, 생산과 소비의 동시성 등의 독특한 성격을 가지고 있으며, 운영과 관리에도 전문적 역량이 요구되기 때문에 이러한 특수성과 전문성을 이해해야지만 창업에서의 성공 가능성을 높일 수 있습니다. 이에 이 책은 관광스타트업에 관심을 갖고 창업을 준비하는 예비창업자와 초기 창업자들을 위하여 관광스타트업의 개념과 유형, 창업 아이디어의 도출 과정에서부터 실전 사업계획서 작성 방법, 투자유치 방법, 효율적인 네트워킹 방법에 이르기까지 관광 분야에서 스타트업 창업과 성공에 도움이 될 수 있는 다양한 내용을 포함하고자 하였습니다.

혹등고래들은 어미 잃은 새끼고래들이 범고래 무리에 둘러싸여 수면으로 올라오지 못해 질식하게 되려는 것을 목격하게 되면, 비록 다른 고래의 새끼들일지라도 범고래를 쫓아내어 살리려는 본능을 가지고 있다고 합니다. 최근 자본시장은 고금리로 인해 침체일로를 걷고 있으며, 스타트업 분야 또한 IPO 시장이 얼어붙는 등 많은 어려움에 직면해 있습니다. 이러한 상황에서 이 책이 관광스타트업 창업자들에게 중요

한 안내서이자 성공 지침서로써 새롭게 숨 쉴 수 있는 토대가 되어 우
리나라 관광산업의 지속적인 발전에 일조하게 되길 희망합니다.

2022년 여름.
저자 일동.

목차

CHAPTER 1

관광스타트업이란 무엇인가?

01

관광스타트업의 개요

관광스타트업^{tourism startup}은 말 그대로 '관광'과 '스타트업'의 합성어이다. 이론적으로나 실무적으로 명확히 합의된 용어적 개념은 여전히 없지만 우리는 대부분 관광스타트업이라고 하면 '관광과 연관된 분야에서 비즈니스를 하는 기업'이라고 짐작할 수 있다.

관광스타트업은 실제로 스타트업이라는 용어가 등장하기 이전부터 벤처^{venture} 또는 창업기업이라는 형태로 존재해 왔다. 전 세계에서 스타트업이 가장 활발하게 이루어지고 있는 나라 중 하나인 인도의 발라 수브라마냐^{Bala Subrahmanya} 인도과학원^{Indian Institute of Science, IISc} 경영학과장은 스타트업을 '이전에 운영한 적이 없는 새로운 벤처기업[1]'이라고 정의한 바 있다. 국내의 경우 대표적 관광기업 지원기관인 한국관광공사의 관광기업지원센터도 관광스타트업을 관광벤처기업과 유사한 용어로 사용하고 있는데, 관광기업지원센터는 관광벤처를 '기존

---

1 Bala Subrahmanya, M. H. (2015). New generation start-ups in India: What lessons can we learn from the past. Economic and Political Weekly, 50(12), 56-63.

관광사업과 연계하여 창조성, 혁신성, 기술성 등을 기반으로 새로운 가치와 시너지를 창출하는 기업[1]이라는 포괄적인 개념으로 정의하고 있다. 관광정책 전문 연구기관인 한국문화관광연구원[2] 역시 관광스타트업을 기존의 창업기업과 같은 용어로 규정하고 있다.

그러나 엄밀히 말하면 스타트업은 벤처나 창업기업과는 다른 몇 가지 특징을 갖는다.

우선, 벤처기업의 업무는 주로 IT나 혁신기술 분야에 국한되어 있지만, 스타트업은 더욱 다양한 분야에서 여러 아이디어와 지식을 포괄 및 융합하는 광범위한 특성을 갖는다. 그래서 관광과 같이 기술 이외의 콘텐츠나 시설 관련 개념을 포함한 신생기업의 경우 벤처보다는 스타트업이라는 용어가 더 적합하다.

다음으로, 벤처기업이 체계적 조직을 갖춘 기업의 형태라면 스타트업은 더욱 동적인 소그룹으로 형성되어 있다. 따라서 조직을 구성하고 운영함에 있어서도 스타트업은 벤처보다 유연성이 높으며, 새로운 아이디어 창출을 중심으로 잠재적 성공을 추구함에 따라 더욱 고위험, 고수익적인 특징을 보인다.

마지막으로, 사업의 단계적 측면에서 창업기업은 사업의 기초를 세우고 처음으로 시작하는 기업을 총칭하는 용어로 정의되기 때문에 벤처나 스타트업 모두 단계적으로는 일면 창업기업에 속하는 것으로 볼

---

1 관광기업지원센터 (https://www.tourbiz.or.kr)
2 안희자 (2015). 「관광 창업기업 육성 방안」. 서울: 한국문화관광연구원.

수 있다. 다시 말해, 창업기업이 가장 넓은 의미의 스타트업이라면, 창업기업의 테두리 안에 벤처와 스타트업이 일부 특성을 공유하거나 상호 독립적으로 존재하는 형태라고 할 수 있다.

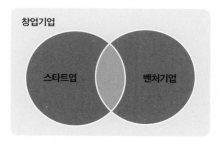

그림 1 | 스타트업의 개념

관광스타트업으로 다시 돌아와보자. 앞서 설명한 스타트업과 벤처 및 창업기업의 서로 다른 특성은 관광스타트업에도 유사하게 적용될 수 있다. 즉, 관광스타트업은 단순한 IT나 테크 중심의 사업을 넘어서 '혁신적인 아이디어나 기술을 기반으로 여행, 숙박, 음식, 체험 등 관광이 결합할 수 있는 다양한 분야와의 융합을 시도하여 비즈니스 모델을 창출하는 그룹 또는 프로젝트성 회사[1]'로 정의할 수 있다. 그리고 스타트업 사업자들은 이러한 시도를 통해 관광 분야에서 새로운

---

1 한석호 · 이용찬 · 윤지환 (2021), 관광스타트업의 성공 요인 분석, 『관광학연구』, 45(2), 101-123.

창업을 하거나 사업화 기회를 얻을 수 있다. 따라서 관광스타트업에 도전하고자 하는 예비 창업자들은 새로운 아이디어와 추진력만 있다면 언제든 관광스타트업에 도전할 수 있으며, 창업자의 성공을 지원하기 위한 다양한 기회 역시 곳곳에 마련되어 있다. 그러니 이 책을 펼친 예비 창업자, 또는 초기 창업자분들께서는 더는 망설이지 말고 책에서 접하게 될 다양한 정보를 기초양식으로 삼아 지금부터 차근차근 관광스타트업 성공으로의 여정을 시작해보도록 하자.

02

관광스타트업의
주요 사업 분야 및 영역

사업을 추진하는데 있어서 모든 스타트업 창업자에게 가장 크게 고려하는 부분을 말하라면 아마도 십중팔구는 투자유치라고 대답할 것이다. 대부분 소자본으로 사업에 뛰어드는 만큼 사업을 안정적으로 유지하고 성장시키기 위해서는 지속적인 자금 투자가 결정적이기 때문이다. 돈 걱정 없이 사업에 전념하기 위해서는 '뭐니 뭐니 해도 머니(자금)'가 가장 중요하기 때문에, 특히 초기 단계에 있는 창업자들은 다양한 방식으로 투자금을 유치하기 위해 고군분투할 수밖에 없다.

투자를 받는 방법에는 엔젤투자, 크라우드 펀딩, VC 등 다양한 방식이 있지만[1], 그중에서도 예비 창업자나 사업 초기 단계의 사업자들이 가장 손쉽게 접근할 수 있는 수단인 중앙부처(중소벤처기업부, 한국관광공사 등)나 지방정부(지자체, 지역 관광공사, 재단 등)에서 추진하는 공

1　이러한 투자 유형이나 과정 등에 관해서는 이후 장에서 더욱 자세히 설명하도록 하겠다.

모사업에 지원하는 방법이 있다. 특히 지방정부에서 추진하는 관광스
타트업 공모사업의 경우 각 지역에 소재하는 기업이나 창업자를 우선
으로 하기 때문에, 해당 지역에서 스타트업을 준비중이거나 이미 시
작한 기업들은 중앙에서 시행하는 공모사업에 비해 투자금을 지원받
는 것이 다소 수월하다.

　이러한 공모사업의 경우 대부분 사업 공고문 내에 관광스타트업으
로 신청할 수 있는 참가 자격과 사업유형을 명시하고 있다. 각 지자체
에서 시행한 지난 공모사업들을 살펴보면 대부분 사업유형을 한국관
광공사의 관광기업지원센터가 제시하는 '관광벤처사업 유형'을 참고
하고 있음을 알 수 있다([그림 2] 참조). 관광기업지원센터는 관광벤처
사업을 크게 체험콘텐츠형, 기술혁신형, 시설기반형, 기타형의 네 가
지 유형으로 구분하고 있는데, 이를 잘 살펴본다면 자신의 사업이 어
느 유형에 속하는지, 또는 앞으로 자신의 아이디어를 어떤 유형의 사
업으로 구체화 시킬지를 가늠해볼 수 있다. 그리고 이를 통해 자신이
진행하고자 하는 사업의 정체성을 확고히 정립시키는 한편, 앞서 언
급한 공공부문의 다양한 투자지원사업은 물론 향후 이루어질 민간투
자 유치에도 도전해볼 수 있을 것이다.

1) 체험콘텐츠형

　체험콘텐츠형은 관광스타트업 중 현재 가장 활발하게 사업화되
고 있는 분야로써, 관광객이 직접 즐길 수 있는 콘텐츠 및 프로그램

을 제작, 유통, 운영하는 사업유형이라고 할 수 있다. 사업의 범위 역시 캠핑, 한류, 미식, 무장애 *barrier-free*, 반려동물, 공연 등 특정 테마와 연계된 상품에서부터 레저스포츠와 같은 액티비티 *activity*, 지역특화형 상품, 첨단기술 활용 콘텐츠 등에 이르기까지 폭넓은 시각에서 접근할 수 있으므로 아이디어 중심의 소자본 스타트업의 형식으로 가장 안성맞춤인 유형이다. 요트를 활용한 해양관광 투어 상품을 개발 및 제공하는 '요트탈래'나 반려동물을 동반한 여행 프로그램을 구성하여 판매하는 '㈜펫츠고 트래블' 등이 현재 운영 중인 대표적인 체험콘텐츠형 관광스타트업이라 할 수 있다([그림 3] 참조).

체험콘텐츠형

관광객이 직접 참여하여 즐기고 공감할 수 있는 새로운 체험 프로그램 및 관광 콘텐츠의 개발과 운영에 관련한 사업(캠핑, 한류, 미식, 무장애, 반려동물, 공연 등 특정 테마와 연계된 여행상품, 레저스포츠와 연계된 액티비티 여행상품, 지역 특화형 여행상품, AR/VR 활용 콘텐츠 제작 등)

기술혁신형

혁신적 기술로 관광편의를 제공하며 IT 등 기술 자체가 수익모델인 사업(관광 플랫폼, VR/AR 기술개발, 챗봇 안내, 스마트 모빌리티, AI기반 여행 큐레이션 서비스, IoT 짐배송 등)

시설기반형

시설 또는 물적 자원을 핵심기반으로 하는 관광사업(IT 기술 접목 테마공원, 사물인터넷 적용 호텔, 마을호텔 운영, 목장농원 자원 활용 체험 상품 등)

기타형

타 유형에 속하지 않은 창의적인 관광사업

자료: 관광기업지원센터 (https://www.tourbiz.or.kr)

그림 2 | 관광스타트업의 유형

요트탈래   팻츠고 트래블

자료: 요트탈래 (https://www.yachttale.com/)   자료: 강원창조경제혁신센터 네이버 블로그
(https://blog.naver.com/creativegw/221197557263)

그림 3 | 체험콘텐츠형 관광스타트업 사례

2) 기술혁신형

기술혁신형은 기술 자체를 수익모델로 삼는 유형으로써 관광 편익을 제공하기 위한 플랫폼, AR/VR[1], 챗봇 안내, 스마트 모빌리티[2], AI 기반 여행 큐레이션 서비스, IoT[3] 짐 배송 서비스 등이 이에 속한다. 이와 같은 기술을 활용중인 대표적인 기업으로는 항공, 숙박, 액티비티 투어를 올인원으로 서비스하는 종합 여행플랫폼인 '㈜와그'나 빅데이터를 기반으로 인바운드 외국인 대상 음식관광 플랫폼을 구축하고 서비스하고 있는 '㈜레드테이블' 등을 예로 들 수 있다.

기술혁신형은 최근 가장 주목받는 관광스타트업 유형으로, 빅데

---

1   AR(Augmented Reality)은 증강현실을, VR(Virtual Reality)은 가상현실을 의미한다.
2   스마트 모빌리티(Smart Mobility)란 최첨단 충전 동력 기술이 융합된 소형 개인 이동 수단을 의미한다.
3   Internet of Things의 약자. 무선 통신을 통해 각종 사물을 연결하는 기술을 의미한다.

이터나 인공지능을 활용한 솔루션 등 핵심기술을 사업의 기초 자산으로 활용하기 때문에 일정 수준 이상의 기술적 배경지식이나 노하우(knowhow)가 필요한 유형일 수 있다. 그러나 이는 어디까지나 테크 중심적 접근방식이며, 참신하고 혁신적인 아이디어만 있다면 이후의 기술적 구현은 관련 인력과의 동업이나 협업, 또는 기타 추가적인 지원을 통해 가능하다. 따라서 스마트관광 시대에 미래 관광산업 시장을 선점하기 위해서는 더욱 다양한 형태의 기술혁신형 스타트업으로의 도전이 필요하다.

㈜와그   ㈜레드테이블

그림 4 | 기술혁신형 관광스타트업 사례

3) 시설기반형

시설기반형은 기존 관광산업에서 가장 대표적인 사업군으로 꼽히는 숙박·음식점·테마공원 등의 시설이나 물적자원을 기반으로 하는 관광사업, 그리고 이와 관련된 콘텐츠 및 상품의 제작과 서비스를 가리킨다. 무동력 친환경 중력 레이싱, 하늘 그네, 게임형 범

퍼카, VR 레이스 등 직접 체험하는 놀이에 IT 기술을 접목한 스마트 액티비티를 제공하는 신개념 테마파크인 9.81파크를 운영하는 '㈜ 모노리스'나, 동네 단위의 체류형·체험형 스토리 관광콘텐츠를 개발 및 운영하는 도시재생 전문기업인 '알티비피얼라이언스㈜' 등이 대표적인 시설기반형 관광스타트업 유형이라 할 수 있다.

㈜모노리스   알티비피얼라이언스㈜

자료: 관광기업지원센터 (https://www.tourbiz.or.kr)   자료: 알티비피얼라이언스㈜ (https://www.rtbpalliance.com)

그림 5 | 시설기반형 관광스타트업 사례

4) 기타형

마지막으로 기타형은 앞서 구분한 세 가지 유형에 속하지는 않지만, 창의적인 아이디어를 통해 관광 관련 비즈니스 모델을 제안할 수 있는 모든 사업이 포함되는 유형이다. 여행과 일상, 온라인과 오프라인, 전통산업과 신산업 간의 경계가 허물어지고 산업간 융복합(融複合)이 활발하게 이루어지고 있는 현시점에서는 관광의 영역을 넓히고 관광산업의 개념을 확장하기 위한 시도들이 다양한 방식으로 이루어지고 있으며, 이를 통해 나타나는 새로운 유형의 사업군이 모두 기타형에 속할 수 있다.

　현재도 활발하게 운영되고 있는 기타형 관광스타트업 기업으로는 전국의 특색있는 숙박시설을 엄선하여 큐레이션하고 온·오프라인 연계 서비스 및 예약 중개 사업을 진행하는 '㈜스테이폴리오', 융합 기술을 통해 로컬 콘텐츠에 기반한 지역 매니지먼트 및 지역 재생 생태계 코디네이팅 서비스를 제공하는 '㈜어반플레이' 등이 있다. 또한 국내 최초로 시간제 한복 대여 서비스를 시작하여 이제는 문화콘텐츠 기획으로까지 사업 영역을 확장하고 있는 '한복남'도 이 유형에 속한다. 그 밖에도 교육 여행 플랫폼을 구상하여 전국의 초중고 학교의 교육 여행 표준화 데이터를 기반으로 학교별 특색에 맞게 담당 교사들에게 맞춤형 교육 여행(수학여행, 체험활동 등)을 큐레이션하고, 교육 여행 수행 여행사를 중계(中繼)해주는 ㈜교육여행연구소 등이 활발하게 운영 중이다.

스테이폴리오

자료: 스테이폴리오 (https://www.stayfolio.com)

어반플레이

자료: 관광기업지원센터 (https://www.tourbiz.or.kr)

한복남

자료: 한복남 (https://www.hanboknam.com)

교육여행연구소

자료: 교육여행연구소 (https://schooltrip.kr)

그림 6 | 기타형 관광스타트업 사례

CHAPTER 2

누가 관광스타트업을
시작하는가?

01

스타트업의 기업가정신

시중에 기출간된 스타트업 분야의 서적 및 관련 학술 자료, 전문가 강연 등을 살펴보면 스타트업의 성공을 위한 핵심 요소로 빠지지 않고 등장하는 용어가 있다. 바로 '기업가정신(또는 창업자 정신)'이다. 처음 이 단어를 접하게 되면 선뜻 감이 오지 않을 수 있다. 독자들께서는 '창업자가 사업만 잘 만들어 성장시키면 되지, 무슨 또 다른 특별한 정신이 필요한가?'라고 반문할 수 있을 것이다. 저자 또한 그중 한 사람이었다. 그러나 앞서 언급한 다양한 자료들을 하나하나 살펴보고, 현업에 종사하고 있는 스타트업 창업자와 투자자들을 만나 현장의 이야기를 귀담아 들으면서 기업가정신이 스타트업 생태계에서 살아남기 위해 얼마나 중요하고, 또 얼마나 필요한 것인지를 몸소 깨달을 수 있었다.

그래서 이 장에서는 더욱 현실적인 관점에서 기업가정신의 기본적인 개념과 함께 전문가들과 나누었던 이야기들을 종합하여, 스타트업 창업과 성공을 위해 필수적으로 갖춰야 하는 기업가정신의 개념, 그리고 사업에 임할 때의 마음가짐에 대한 이야기들을 차근 차근 풀어

보고자 한다.

1) 기업가정신의 개념

우선 기업가정신은 말 그대로 기업가가 지녀야 할 자질과 역량을
비롯한 핵심 덕목을 뜻한다. 창업자의 경력이나 역량뿐만 아니라
심리적·행위적 특성까지 다양한 형태의 기업가정신이 존재하고 있
는데, 이를 간략하게 정리하면 다음과 같다.

경력 특성은 일반적으로 현재 추진하는 사업과 관련된 분야에서의 과거 경험이나
창업 경험, 학력, 성별, 나이 등과 같은 인구통계학적 특성을 포함한다.

→ 예컨대 관광 스타트업으로 성공하고자 하는 창업자가 관광 분야에서의 유사한
경험이 있다면 현재의 성과에 이를 긍정적으로 작용할 수 있다는 연구[1]가 존재
할 만큼, 과거의 경력은 창업자의 중요한 자질이자 사업의 성공 요소로 여겨진다.

→ 이는 관련 업계에 대한 전문성이 기업가정신의 핵심 역량임을 방증하는 것으로,
실제로 창업자들 중에는 관광 현장에서 필요로 하는 관광산업 생리나 시스템 등
의 현장 경험이 부족한 경우가 많다. 이러한 경우 초기 아이디어를 통한 혁신성
은 높게 평가될 수 있으나 장기적인 측면에서의 지속적인 운영과 성과 창출은 어
려울 수 있다.

"따라서 창업자에게도 해당 분야의 전문성을 갖추기 위한
추가적인 노력이 필요하다."

1 Lerner, M., & Haber, S. (2001). Performance factors of small tourism ventures: The
interface of tourism, entrepreneurship and the environment. Journal of Business
Venturing, 16(1), 77-100.

역량 특성에는 창업자의 기업가적·관리적·기술적·기능적 능력 등이 포함된다. 사업 운영에 필요한 기회 포착 역량, 마케팅, 자금 조달, 인재 확보, 사업 계획 전략 수립과 같은 실무적인 능력이 여기에 해당된다.

→ 스타트업에 있어서 창업자는 기업의 로드맵과 전략을 결정짓는 핵심적인 의사결정자이기 때문에, 이들이 갖는 지식이나 기술, 능력 등은 경쟁사가 모방하기 어려운 희소한 자원으로 여겨지는 경우가 많다.

> "따라서 창업자의 이러한 내부 자원과 역량은
> 기업의 지속 가능한 경쟁 우위를 창출하는
> 주요한 수익원이 된다."

심리적·행위적 특성은 창업자가 갖는 고유한 성격이나 성향, 또는 행동 특성을 의미한다. 창업자가 보유한 성취 동기나 욕구, 위험 감수 성향, 혁신성이나 진취성 등이 주로 포함된다.

→ 창업자는 항상 불확실성 속에서 위험을 감수해야 하는 상황에 놓이게 되므로, 창업자의 중요한 역할 중 하나는 이처럼 불확실한 상황에서 실행해야 할 사항들을 결정하고 미래를 판단하는 것이다. 즉, 눈 앞에 주어진 다양한 목표가 어떻게 달성될 수 있으며, 이 중 어떤 목표를 더욱 가치 있게 다룰 것인지를 결정하는 것이 바로 창업자의 역할이라는 것이다.

> "이 순간에 필요한 자질로써,
> 창업자의 고유한 성향이나 성격이 중요하게 작용하게 된다.
> 새로운 변화와 혁신을 추구하여 문제를 해결하고,
> 나아가 새로운 기회를 선제적·적극적으로 포착하여
> 불확실성 속에서도 과감히 도전하고자 하는 성향일수록
> 보다 나은 성과를 창출할 수 있다."

기업가정신이 이처럼 스타트업의 핵심으로 여겨지는 이유는 스타트업의 대부분이 창업자 1인 또는 2인을 중심으로 결성된 소규모 형태라는 데에서 기인한다. 따라서 창업자가 사업 아이디어와 운영 전략을 비롯해 자금 조달, 인재 확보, 마케팅과 홍보 등 경영과 관련된 모든 활동에 깊숙이 관여하는 것이 불가피하다.

2) 기업가정신을 나타내는 PSST 사업계획서

이렇게 일당백 一當百을 수행해야 하는 스타트업의 특성상 창업자의 자질과 역량이 사업의 성패를 크게 좌우하게 되는데, 이를 투자자의 관점에서 바라보면 더욱 빠르게 이해할 수 있다. 여러분이 사업계획서를 작성하여 이를 투자자가 검토한다고 가정해보자. 여러분은 보통 아래의 예시([그림 7] 참조)와 같이 'PSST'라는 항목을 중심으로 사업계획서를 작성하게 되며[1], 투자자는 이를 보고 사업의 내용과 투자 가치를 판단한다.

'P'는 '문제 인식 *Problem*' 영역으로 창업 아이템의 개발 동기나 목적을 확인하는 부분이며, 첫 번째 'S'는 '실현 가능성 *Solution*'으로 비즈니스 모델 *Business Model, BM*과 시장 분석을 통한 차별화 전략 등을 판단하는 부분이다. 두 번째 'S'는 '성장전략 *Scale-Up*' 영역으로, 향후 어떻게

---

1   사업계획서 작성과 관련된 구체적인 내용은 이후 장에서 다루도록 하겠다.

그림 7 | PSST 방식

사업 자금을 활용하여 시장에 진입하고 성과를 창출할 것인지 목표를 가늠하는 부분이다. 그리고 가장 마지막의 'T'에 해당하는 '팀 구성 *Team*' 영역은 대표자 또는 팀원이 보유하고 있는 경험이나 기술력 및 노하우 등을 작성하는 부분이다.

이 중 사업계획서를 작성하고자 하는 창업자가 가장 주목해야 할 부분은 마지막의 T 항목이다. 많은 예비·초기 창업자들이 팀 구성 영역에 대한 중요성을 간과하는 경우가 많다.

창업공모전 등에서 서류 심사를 어렵게 통과하여 프레젠테이션 면접에서 투자담당자와 창업자가 1대 1로 대면할 경우나 개별적인 투자를 받기 위해 투자자와 심층 면담을 하는 경우를 제외하면, 투자자들이 대표자의 역량, 즉 기업가정신을 판단할 수 있는 거의 유일한 방법이 바로 이 사업계획서의 팀 구성을 검토하는 것이다. 투자자는 팀 구성(역량)을 통해 대표자가 해당 사업과 관련된 업무를 했던 사람인지, 혹은 그것을 성취할 수 있는 능력을 갖추고 있는지, 또는 열정이 있거나 이 사업을 위해 노력한 흔적이 있는지 등을 판단한다.

아무리 뛰어난 사업 아이템과 비즈니스 모델이 구상되어 있을

지라도, 정작 이를 실행시킬 사람(창업자)의 역량이 부족하다고 판단되면 투자자는 투자를 망설일 수밖에 없다. 실제로 관광스타트업 투자를 전문으로 하는 어느 벤처캐피탈리스트*Venture Capitalist, VC*의 말에 따르면, 사업 계획은 필요할 경우 언제든 더 나은 방향으로 전환[1]이 가능하지만, 대표자의 기본적인 자질이나 역량은 쉽게 개선되기 어려우므로 창업자가 얼마나 믿을만한 사람인지를 판단하는 것이 투자의 가장 중요한 포인트라고 한다. 이를 좀 더 극단적으로 표현하자면, 미국의 전설적인 벤처캐피탈리스트이자 인텔*Intel Corporation*, 애플*Apple Inc.* 등의 초기 투자자였던 아서 록*Arthur Rock, 1926-*은 '나는 사람에 투자하지, 아이디어에 투자하지 않는다'라고 말하며 기업가정신이 사업 투자에 있어서 매우 중요한 요소임을 강조하기도 하였다.

---

1 전문 용어로 '피보팅(pivoting)'이라고 한다.

02

관광스타트업
기업가의 자질과 역할

그렇다면 관광스타트업으로 성공하고자 하는 창업자는 어떠한 기업가정신을 갖춰야 할까? 기본적으로 기업가정신이 사업의 특정한 영역이나 분야에 따라서 크게 차이가 나는 것은 아니지만, 관광산업 분야에서 스타트업으로 성공하기 위해 필요한 창업자의 핵심 덕목을 선정하자면 대표적으로 ① 산업 트렌드 파악 능력, ② 기회 포착 능력, ③ 위기관리 능력의 세 가지 요소를 들 수 있다.

1) 산업 트렌드 파악 능력

관광산업은 다른 산업들에 비해 경제적·정치적·사회문화적·환경적 외부 여건 변화에 매우 민감하게 반응한다. 예를 들어, 방한 관광시장을 가장 크게 차지해오던 중국인 관광객들이 사드THAAD 배치에 따른 외교 갈등으로 발길을 끊으면서 2016년 7월부터 2019년 4월까지 배치 이전 대비 약 65%까지 관광객이 감소하고, 이에 따라 약 21조에 달하는 관광 손실이 발생했다[1]. 이어서 발생한 코로나19(COVID-19)는 기존 관광시장을 송두리째 흔들며 전례 없는 위기 상황을 만들기도 했다. 그러나 한편에서는 기존 해외여행 수요가 국내로 전환되는 추세가 나타나기 시작함과 동시에 소규모, 자연 친화, 온라인 중심의 트렌드로 관광 양상이 진화하면서 캠핑, 차박, 등산, 골프, 랜선 여행 등이 새로운 여행 형태 트렌드로 자리 잡게 되었다.

이처럼 관광객의 욕구나 수요는 시장 여건과 사회 분위기에 따라 빠르게 변하는데, 이것이 우리가 산업 트렌드에 주목해야 하는 이유이다. 창업에서 산업 트렌드를 파악하는 능력은 비단 관광산업 내에만 국한되지 않는다. 앞서 설명한 다양한 사회·환경 변화가 관광시장에 직접적인 영향을 미치는 불가항력적 요인들이었다면, 조금 더 포괄적이고 장기적인 변화의 관점에서 4차 산업혁명이라는 새로운 시대적 패러다임의 등장은 빅데이터, 인공지능AI, 사물인터넷IoT 등과 같은 새로운 기술의 발전과 함께 관광 분야에도 스마트관광smart tourism이라고 하는 새로운 가치를 만들어내고 있다. 따라서 지금과 같은 시기에 필요한 기업가정신은 바로 시대적 흐름을 올바로 인지하고 주변 산업의 트렌드를 명확히 파악하여, 새로운 통찰을 얻고 이를 관광산업에 접목시키는 능력이다. 관광객의 정보 탐색, 이동, 안내, 쇼핑, 체험 등에 기술적인 요소를 가미하는 일차적

---

1 서울경제(2020.12.02. 기사). "中, 사드 배치 보복으로 韓 관광 수입 21조 감소". https://www.sedaily.com/NewsView/1ZBJ0J7EIY

인 형태의 사업 모델뿐만 아니라 기존의 관광시설, 상품, 서비스 등에 정보와 기술을 결합할만한 다양한 기회를 발굴하고 그 안에서 새로운 가치를 발견할 수 있다면, 기존에 없던 새로운 사업 모델을 만들어낼 수 있을 것이다.

2) 기회 포착 능력

두 번째 덕목은 기회 포착 능력이다. 창업자는 자신의 창업에 존재하는 미래의 불확실성과 높은 위험성에도 불구하고 주도적으로 기회를 포착할 수 있어야 한다. 따라서 외부 환경으로부터 적극적으로 정보를 탐색하고 수용하며 그로부터 새로운 사업 아이디어와 수익 창출 기회를 발견해야 한다. 이것이 가능하려면, 적극적이며 혁신적이면서도 한편으론 유연한 태도와 사고를 견지할 수 있어야 한다. 사례를 하나 살펴보자.

㈜교육여행연구소는 수학여행과 유학을 전문으로 20년 이상 여행사를 운영한 교육 여행 전문가 A와 종합 여행사에서 10년간 경험을 쌓은 전문가 B가 합심하여 설립한 스타트업이다.

교육 여행 전문가였던 A는 그 동안의 현장 경험을 통해 국내 교육 여행 시장이 기존 수학여행 중심에서 소규모 테마형 현장 체험학습, 캠프, 해외 자매교류 등으로 다양화·다변화 되어가는 상황을 인지하고 있었다. 그에 비해 학교의 여행 시스템은 여전히 담당 교사가 매번 여행 정보를 검색하고, 일정을 만들고, 여행사를 찾아 견적 비교 및 계약 등을 직접 해결해야 하는 절차상의 복잡성과 업무 부담이 있음을 알게 되었다. 그래서 A는 이를 개선하기 위한 방법을 찾아보았지만, 기존 학교 여행의 관행이나 구조적인 어려움 때문에 개인의 노력만으로는 마땅한 대안을 제안하기 어렵겠다고 생각하고 있었다.

한편 B는 장기간 동안 국내 굴지의 종합 여행사에서 근무하며 자신이 직접 도전해볼 만한 새로운 사업 아이템을 찾고 있었다. B는 여행사에서 플랫폼의 중요성과 필요성을 일찌감치 체감하고 있었으며, 실제로 여행의 다양한 업무에서 디지털 혁신이 일어나고 있음을 누구보다도 잘 알고 있는 사람 중 하나였다. 그러나 현존하는 대부분의 여행 카테고리는 이미 글로벌 플랫폼뿐만 아니라 '야놀자', '여기어때'와 같은 토종 플랫폼 업체들이 잠식하고 있었기 때문에 새로운 기회를 찾기가 쉽지 않았다.

그러던 중 두 사람은 대학원 수업에서 우연히 만나게 되었으며, 서로의 고충과 의견을 나누기 시작하면서 지금의 사업 아이디어를 발견하게 된 것이다. B는 A와의 만남으로 교육 여행 시장이야말로 그동안 다른 여행 플랫폼이 접근하지 못했던 사업 청정 지역임을 깨달았다. A 역시 B의 전문 영역인 플랫폼 개발을 통해 여행 정보를 공유하고 학교와 여행사를 효율적으로 연계해줄 수 있다면, 교사의 교육 여행 관련 업무를 획기적으로 줄여줄 수 있을 뿐만 아니라 여행사 및 서비스 공급자들에게 더욱 공정한 기회를 제공할 수 있을 것으로 생각하게 되었다.

만약 A가 기존의 관습적 시스템에 머물러 새로운 대안을 찾으려고 하지 않았다면 어땠을까. B 역시 여행 틈새 시장에 대해 적극적으로 관심을 두고 정보를 찾아보지 않았다면? 그래서 이 두 사람이 적극적으로 의견을 나누고 수용하며 새로운 사업 아이디어를 발견하려는 시도를 하지 않았다면? 아마도 지금의 ㈜교육여행연구소는 탄생하지 못했을지도 모른다.

3) 위기관리 능력

관광스타트업 창업자에게 필요한 마지막 기업가정신은 위기관리 능력이다. 위기관리 능력은 기술 기반의 스타트업과 같은 타 분야에서는 비교적 중요성이 낮은 요소로 여겨지고 있으나, 관광 분야에서는 몇 가지 이유로 인해 창업자가 갖춰야 할 핵심 요소로 인지되고 있다.

우선 산업의 특수성 측면에서 살펴보면 관광스타트업은 기술, 바이오, 제약 등 타 분야 스타트업에 비해 투자자들에게 투자 매력도가 낮은 분야로 인식되는 특징이 있다. 특히 인바운드 여행업의 경우에는 환경적인 변수가 많기 때문에 투자자들에겐 매력이 없는 시장으로 받아들여지고 있다. 그 밖에도 앞서 언급한 정치, 경제, 사회문화, 환경 등의 다양한 외적 변수를 고려해야 하는 만큼 정상적인 수요 예측이 어려운 경향이 있어 투자자에겐 투자 동기가 낮은 시장이다. 더욱이 관광은 사스^{SARS}나 메르스^{MERS}, 코로나19와 같은 질병 이슈에도 매우 민감한 산업군이기 때문에 위기 상황이 닥쳤을 때 창업자가 이를 제대로 대응하거나 극복하지 못한다면 사업의 성공 확률은 그만큼 낮아질 수밖에 없다.

다음으로 관광 분야와 같이 서비스나 상품의 모방 가능성이 큰 산업의 경우에는 독보적인 기술력이나 네트워킹 능력이 확보되지 않는 이상 후발 업체들에 의해 상당 부분 시장이 분산되어 경쟁력이 낮아질 수밖에 없다. 즉, 한 가지 성공한 사업 모델이 발생하면 이를 복제하거나 따라 하려는 유사 업종이 늘어나기 쉬운 구조의 분야가 바로 관광이다. 이 같은 특성으로 인해 관광은 산업 내 경쟁 우위 창출에 있어서도 더 창의적이며 차별적인 전략을 요구하게 되며, 단순한 아이디어만으로 섣불리 창업에 도전하고 이를 성장시키고자 하면 넘어야 할 장애물이 많아질 수밖에 없다. 따라서 관광스타트업 창업자는 다양한 환경적 변수를 고려하고 이를 적절히 대응 및 통제할 수 있는 능력이 필요하며, 특히 앞으로 전개될 뉴노멀*New Normal* 시대의 새로운 관광시장을 준비하기 위해서는 시시각각 변화하는 환경에 적응하는 한편 마주하는 위기를 효과적으로 관리할 수 있는 역량을 갖추어야 한다.

CHAPTER 3

무슨 사업을
어떻게 만들어낼 것인가?

01

기회의 탐색 및 포착:
관광 생태계 분석

많은 예비 창업자들은 순간에 떠오른 생각이나 아이디어가 손쉽게 비즈니스 모델이 될 수 있다고 착각한다. 그러나 비즈니스 모델을 새롭게 창안*하고 개발하는 것은 우연한 아이디어만으로 이루어지는 것이 아니며, 기발한 아이디어가 모두 성공적인 비즈니스 모델로 실현되는 것도 아니다.

일반적으로 비즈니스 모델은 다양한 방식을 통해 지속적으로 기회를 탐색하고 발견하려는 노력을 거듭해가면서 서서히 구상되고 도출된다. 그중에서도 관광시장에서 스타트업 창업을 구상하는 사람들은 관광 생태계와 같은 외부 환경이 변화하는 과정을 자세히 관찰하여 그 속에서 사업 기회를 탐색하고 포착해야 한다. 관광 생태계는 비즈니스 모델을 구상하는데 필요한 다양한 아이디어와 지식을 융합하는 광범위한 영역을 포괄하기 때문이다. 기회의 탐색과 포착 단계에서 예비 창업자들이 저지르는 가장 흔한 실수가 바로 이러한 외부 환경의 탐색 없이 자신의 경험에만 의존해 어떤 문제를 발견하고 그 문제를 해결하는 방법을 사업 아이디어로 개발하는 것이다. 이러한 경우 대부분 비즈니스 모델을 구체화했을 시점에 시장성에 대한 문제에 봉착하게 된다. 이른바 '더 나은 쥐덫의 오류*better mousetrap fallacy*[1]'와 같이, 우수한 제품을 출시하면 이를 고객이 스스로 찾을 것이라는 잘못된 믿음이 오류를 발생시키게 되는 것이다. 사업 기회의 탐색은 제품이나 서비스를 개발하는 과정보다는 철저하게 고객을 획득하는 과정에 가까워야 한다. 따라서 모든 과정의 시작은 시장의 변화를 관찰하는 데에서 출발해야 하며, 엄격하게 미래의 고객을 중점에 둔 사고를 기반으로 이루어져야 한다.

관광스타트업 창업 과정에서 관광 생태계 탐색을 통한 기회 포착 단계는 단순히 새로운 아이디어를 발굴하는 것뿐만이 아니라, 아이디어가 사업화되기 위한 조건을 따져보고 사업의 타당성을 분석적·논리적으로 검증해보는 과정이라고도 할 수 있다. 따라서 이번 항목에서는 관광 생태계를 탐색하는 방법으로 현대 경영학의 아버지라고 불리우는 피터 드러커*Peter Drucker, 1909-2005*가 주창한 '7가지 혁신의 원천*The Discipline of Innovation*'을 적용하여 현재의 관광 생태계 트렌드 변화를 저자 나름의 시각으로 분석 및 제안해보도록 하겠다.

원래 7가지 혁신의 원천은 기업이나 산업의 내·외부적 환경을 탐색하여 기업의 혁신 기회를 찾는 방법으로 고안되었으나, 이 책에서는 관광 생태계를 분석하는 틀로 활용해보았다. 따라서 관광 분야에서

---

1 경영학 용어. 품질이 더 좋은 쥐덫을 만들어 팔면 고객이 스스로 제품을 구매할 것이라는 기업의 제품 중심적 사고를 꼬집는 표현이다.

새로운 사업의 기회를 탐색하고자 하는 예비 창업자들께서도 이번 지면을 통해 각자 나름의 방식으로 관광 생태계를 분석 및 예측해보는 시간을 갖길 바란다.

1) 기대하지 않은 사건 (unexpected occurrences)

관광산업 분야에서 대혁신의 변화를 가져온 중요한 사건으로는 단연 2020년 상반기에 발생한 코로나19를 들 수 있다. 코로나19는 여행 전반에 새로운 패러다임을 가져왔다. 사람들은 혼잡한 지역을 벗어나 한적한 여행지를 찾아다니기 시작했으며, 안전과 위생이 여행자의 가장 큰 관심사가 되었다. 그뿐만 아니라 낯선 사람들과 함께 하는 단체여행이 감소하고 개별여행이나 아는 사람들과의 소그룹 여행이 증가하였으며, 이외의 그룹 여행은 상호 간 신뢰가 밑바탕이 되거나 정기적인 상호 작용이 가능한 그룹을 중심으로 이루어지기 시작했다. 따라서 앞으로의 여행시장은 전염병 예방이나 대응 수준에 따라 목적지의 인기도가 변화할 것으로 예상되며, 특히 코로나19 이전에 인기 있었던 여행지나 핫스폿*hotspot*등이 점차 몰락하고 새로운 여행지가 부상할 것으로 보인다.

또한 여행에서의 안전 불확실성이 높아짐에 따라 여행을 준비 및 실행하는 절차나 과정도 점차 복잡해질 것으로 예상되므로, 이를 도와줄 수 있는 전문가나 시스템에 대한 수요가 증가할 것으로 보인다. 아울러 여행지에서도 급변하는 상황 변화를 빠르게 감지할

수 있는 온·오프라인 연결 상태 역시 중요해질 것이기에, 새롭고 자
세한 여행 정보를 받아볼 수 있는 환경에 대한 요구도 높아질 것으
로 예상할 수 있다.

2) 부조화 (incongruities)

관광 생태계에서 발견할 수 있는 기대와 결과 사이의 부조화는
여전히 존재한다. 이는 예상과 달리 인공지능, IoT, AR/VR 등과 같
은 최신 기술이 관광상품에 빠르게 결합하지 못하여 재미와 상품성
이 부재하게 된 콘텐츠와 스토리의 존재, 그리고 높은 유지관리 비
용 등의 문제로 인해 여전히 상용화된 다양한 상품을 찾기 어려운
최근의 상황에서 그 이유를 찾을 수 있다. 이 같은 경우 향후 시장의
확대 가능성이나 상품의 다양화는 예견된 미래로 받아들여지기 때
문에, 현재 상황을 빠르게 인지하고 더욱 혁신적인 아이디어를 도
출하여 상품성이 높은 콘텐츠를 개발 및 상용화하려는 기업들에게
는 더욱 다양한 기회가 열릴 것으로 예상할 수 있다.

3) 절차상의 필요 (process needs)

절차상의 필요로부터 초래되는 기회는 기존 절차에서 취약한 연
계를 제거하거나 새로운 지식을 토대로 절차를 재설계하는 과정에
서 발견된다. 이러한 기회는 주로 상황보다는 과업에서 나타나는

경우가 많으므로 작은 과정에서의 특이점도 놓치지 않으려는 세심한 집중력과 관찰력이 요구된다. 주로 기존 시장의 관습적인 폐해에서 새로운 아이디어를 찾을 수 있는데, 과거 여행사들이 여행 상품을 판매하면서 현지 관광 비용, 공항세, 가이드 비용 등을 제대로 기재하지 않았던 관례나, 앞선 ㈜교육여행연구소의 사례처럼 기존 교육 여행 절차상에 남아 있는 오랜 관습 등도 프로세스에 기인한 개선 필요성이 나타나는 형태로 볼 수 있다.

이 밖에도 다양한 관광산업 내 제 현상에서 포착될 수 있는 절차상의 문제점들은 새로운 혁신의 기회를 가져다줄 수 있으며, 보통 절차상의 필요는 그 절차를 사용하는 사람들에 의해 인식되는 경우가 많다. 따라서 창업자는 현재 자신의 위치에서 발견할 수 있는 여러 가지 절차상의 문제점과 필요성을 토대로 절차의 재설계와 같은 혁신적인 시도를 할 수 있다.

4) 산업 및 시장의 변화 (industry and market changes)

기업을 둘러싸고 있는 산업 및 시장의 변화는 다양하고 중요한 기회를 창출한다. 이미 몇 차례 언급한 4차 산업혁명과 관광산업의 디지털화는 관광 생태계에 여러 가지 변화를 가져다주었으며, 앞으로도 관광의 다양한 영역과 분야에서 다채로운 변화와 혁신을 안겨줄 것으로 기대하고 있다. 전통적인 여행사나 호텔 등의 산업 분야가 플랫폼 기업과 공유숙박 등의 출현으로 그 영역의 형태가 점차 희석되고 있으며, 이러한 이종 산업간 융복합이 활발하게 이루어 지면서 새로운 관광산업의 범위와 경계가 확장되고 있는 것을 보면 변화의 속도가 얼마나 빠른지를 체감할 수 있다. 법적으로도 2019 년 7월부터 문화체육관광부가 기존의 전통적인 관광산업 범위를 벗어난 신유형의 관광사업을 기존 제도 안으로 편입시키는 방안으로 '관광지원서비스업' 분야를 신설하는 한편 「관광진흥법」을 개정·시행하였으며, 많은 수의 신규 관광스타트업이 관광사업체로서 새롭게 해당 업종으로 지정받을 수 있게 되었다. 관광지원서비스업으로 지정받기 위해서는 관광산업 특수분류[1]에 포함되어 있어야 하는데, 관광객이나 관광사업자들을 위한 사업이나 시설을 운영하는 대부분의 사업 형태가 여기에 속하기 때문에 앞으로 더 많은 관광스타트업이 제도적으로 관광산업에 편입되어 관련 보호와 지원을 받을 수 있을 것으로 기대하고 있다.

이처럼 시장이나 산업 구조가 변할 때, 전통적인 산업의 선두주자들은 급성장하는 시장 부문을 등한시하고, 자신들이 이미 확보한 것을 방어하는 데 집중하여 신규 진입자의 도전을 관망만 하는 경향이 있다. 따라서 관광스타트업과 같이 관광 생태계에 신규 입성하고자 하는 경우 지금의 시대적 변화는 커다란 기회이자 가능성이 될 수 있다.

---

1 관광산업의 성격을 고려하여 통계청장의 승인(「통계법」 제22조제2항)을 받아 제정한 분류표로 여행보조 및 예약서비스업, 관광관련 숙박업, 관광관련 운송업 등 총 22개 분야의 관광산업 범위를 규정함.

5) 인구구조의 변화 (demographic changes)

인구구조의 변화는 현재의 관광시장을 점검하고 미래의 관광 생태계를 예견하는데 가장 핵심적인 요소로 작용한다. 1인 가구가 급격히 증가하고 고령화가 빠르게 진행되면서 여가 및 관광산업에서도 이와 관련된 사업 기회가 다방면으로 출현하고 있다. 예컨대 1인 가구가 증가하면서 반려동물 시장이 늘어났으며 이와 관련된 반려동물 동반 가능 여가 및 숙박시설, 펫케어 상품 등의 수요가 급증하고 있다. 또한 캠핑, 자전거, 골프 등의 소규모 레저 스포츠 산업 역시 지속적으로 성장하고 있으며 앞으로도 분야가 더욱 세분화될 것으로 전망된다. 아울러 '혼행족(혼자 여행하는 사람들)'의 증가는 여행지, 여행 상품 및 여행 활동 등의 영역에 새로운 트렌드를 일으키고 있으며, 특히 현재의 가정간편식 *home meal replacement, HMR* 이 앞으로는 혼행족이나 소규모 그룹 여행자를 대상으로 한 레저 및 관광시장으로도 확대될 것으로 예상할 수 있다.

한편, 고령화가 진행되면서 세대 간의 여가나 관광 형태도 차이가 나타날 것으로 보인다. 따라서 앞으로는 세대별 맞춤형 문화 및 여가활동 시장에 관한 관심이 더욱 증가할 것이며, 실버 관광 또는 시니어 관광으로 불리는 고령층을 대상으로 한 관광사업 분야에서도 다양한 기회가 빠르게 늘어날 것으로 전망된다.

6) 인식의 변화 (changes in perception)

인식의 변화는 '잔에 물이 절반밖에 남지 않았다'와 '잔에 물이 절반이나 차 있다'는 말의 차이와 같이 동일한 현상에 대해 경영자가 이를 어떻게 인식하는지에 따라 혁신의 기회가 발생할 수 있다는 의미이다. 예를 들어 국민의 소득수준 향상과 건강 개선은 전반적인 삶의 질을 높여주는 효과를 가져왔지만, 오히려 이로 인해 계층 간 갈등의 심화와 개인의 심리적 불안함, 우울증이 확산되는 결과를 가져오기도 했다. 따라서 경제와 사회의 발전과는 달리 개인은 점차 마음의 안녕과 치유를 갈망하게 되었고 힐링(치유) 여행과 같은 여행 형태가 늘어나는 결과를 맞이했다.

이상의 관점에서 생각해보면 앞으로도 정신 건강, 활력 충전, 쉼과 안녕 등을 주제로 한 여행 혁신이 이루어질 것으로 예상해볼 수 있으며, 나아가 정신적인 스트레스를 치료할 목적으로 이루어지는 신체적, 정신적 여행 활동이 증가함에 따라 이와 관련된 다양한 사업 아이디어가 창출될 수 있을 것으로 보인다.

7) 새로운 지식 (new knowledge)

지식 기반형 혁신은 모든 혁신 중에서 선행 시간*lead time*이 가장 길지만 성공하면 엄청난 경제적 이득을 얻을 기회로 작용한다. 그러나 관광 생태계 안에서 개인이 획기적인 발명이나 새로운 기술 또는 서비스를 창출하는 것은 매우 어려운 일이다. 이럴 때는 오히려 타 분야에서 이미 발명된 획기적인 기술을 얼마나 빠르게, 그리고 효과적으로 관광산업에 적용할 수 있을 것인지를 고민해보는 노력이 필요하다. 예를 들어 AI 로봇이나 자동화시스템 등을 관광산업에 접목하는 과정에서 단순히 기술의 편의성만을 추종해 무분별하게 가져오는 것이 아닌 관광객과의 다양한 접점에서 이들이 실제로도 필요로할 만한 순간을 적절하게 판단, 핵심점을 명확히 찾아 적용하려는 시도가 필요한 것이다. 관광은 기본적으로 서비스 기반의 산업이기 때문에 관광객 경험의 어떤 지점에서는 기계적인 대응이 오히려 전반적인 서비스 만족도를 떨어뜨리는 부정적인 결과를 낳을 수도 있다. 기술의 도움으로 관광기업의 생산성과 업무 효율성이 증가할 것으로 예상되지만, 안내 로봇이나 추천 서비스 등에 해당되는 관광 일자리는 AI로 일부 대체될 것으로도 전망된다. 반면 관광 AI에 기반한 알고리즘 개발자나 관광 안내 및 추천 서비스 제공기업과 같은 새로운 유형의 일자리나 기업이 창출될 것으로도 예상해볼 수 있다.

이렇듯, 지식 기반 혁신이 성공하기 위해서는 혁신에 필요한 여러 종류의 지식과 예정된 사용자의 요구에 대한 사려 깊은 분석이 필수적이다. 관광 생태계에서는 빅데이터가 이를 해결하는 데 중요한 도구로 사용될 수 있다. 시중에는 관광객의 행동이나 소비를 측정할 수 있는 다양한 종류의 데이터가 산재해 있다. 따라서 이를 적절히 활용하여 목표하는 관광시장에 대한 데이터를 분석해볼 수 있다면, 새로운 관광상품과 서비스 등 지식 기반 혁신의 기회가 만들어질 수 있을 것이다.

02

아이템 발굴:
고객가치 창출을 위한
사업 아이디어

1) 창업 아이템의 선정

사업을 구상하는 두 번째 단계는 창업을 위한 아이템을 발굴하는
것이다. 창업 아이템이란 결국 기업이 고객에게 제공하고자 하는
제품이나 서비스의 속성을 의미한다. 따라서 관광스타트업에서 창
업 아이템을 찾는 가장 손쉬운 방법은 앞서 분석한 관광 생태계 안
에서 발견되는 산업의 흐름을 이해하고 이 중 자신이 가장 관심 있
는 분야를 더욱 심도 있게 들여다보는 것으로부터 출발해야 한다.
그리고 이를 고객(또는 나의) 경험의 관점으로 접근하여 고객이 겪
고 있는 문제나 불편함 pain point 을 찾고 해소할 수 있는, 또는 더 나은
경험을 제공할 수 있는 해결책 solution 을 제안할 수 있어야 한다. 이 과
정에서 얻어지는 해결 방법이 바로 창업 아이템이 된다.

하지만 모든 해결책이 창업 아이템이 되는 것은 아니다. 비즈니
스란 결국 고객에게 제공한 제품이나 서비스의 대가로 수입을 얻
는 활동을 의미하기 때문에, 고객이 나의 해결책에 대한 가치를 인

지하고 마땅한 비용을 지불할 수 있는 것이어야 한다. 이런 거래 관계는 비즈니스에서 너무나 당연한 이야기지만 실제 스타트업에는 그렇지 않을 수도 있다. 실제로 중소벤처기업부의 '창업기업 생존율 현황[1]'을 살펴보면 국내 창업기업의 1년 차 생존율은 65% 수준이며, 3년 차 42.6%, 5년 차엔 29.2%에 불과하다. 특히 관광 분야가 속한 문화 · 스포츠 · 여가업은 5년 차 생존율이 18.4%에 그쳐 전체 평균에도 미치지 못한다. 이러한 실패에는 다양한 원인이 존재하겠지만, 무엇보다도 많은 수의 스타트업이 고객이 원하지 않는 제품이나 서비스를 만들어 시장에 내놓았기 때문인 것으로 짐작할 수 있다.

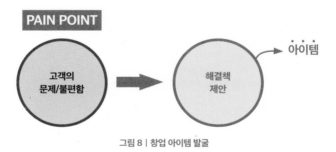

그림 8 | 창업 아이템 발굴

---

1   중앙일보 기사(2021. 03. 01), https://www.joongang.co.kr/article/24002302#home

  그렇다면 이처럼 시장에서 살아남기 어려운 환경에도 불구하고, 소위 스타트업의 대표 주자라고 할 수 있는 '유니콘$^{unicorn 1}$' 기업들은 어떻게 새로운 창업 아이템을 발굴하여 지금과 같은 성장을 이뤄낼 수 있었던 것일까?

▶ 모처럼 네팔로 여행을 떠나게 된 A는 현지에서의 다양한 체험과 액티비티를 즐길 생각에 들떠있었다. 그러나 정작 도착하여 마주한 현실은 통하지 않는 언어와 관광객을 대상으로 한 터무니없는 요금이었다. 이는 네팔뿐만이 아니었다. A가 살고 있던 아프리카의 휴양지 모리셔스의 여행사들도 외국인 관광객을 상대로 현지 가격보다 2배 이상의 폭리를 취하고 있었다. 이런 모습을 본 A는 전 세계 모든 여행객이 합리적인 가격으로 현지 관광상품을 구매할 수 있는 방법을 고민하기 시작했고, 숙박이나 항공권 위주의 기존 여행 예약 플랫폼과는 다른 자유여행객을 위한 볼거리, 즐길거리, 먹거리 등 액티비티 중심의 예약 플랫폼인 클룩(KLOOK)을 창업하기에 이르렀다. 클룩은 2014년 9월 홍콩에서 설립된 이후 4년 만에 구글에서 가장 많이 검색된 여행 액티비티 및 서비스 플랫폼이 되었으며, 현재는 전 세계에 28개의 지사를 두고 있는 기업 가치 약 14억 달러의 회사로 성장하였다.

▶ 2008년 8월 시작된 세계 최대의 숙박 공유 서비스 에어비앤비(Airbnb)는 아파트 월세를 해결하기 위해 에어 베드와 식사(air bed and

---

1 유니콘 기업이란 기업 가치가 10억 달러(한화 약 1조 1,500억) 이상이고 창업한 지 10년 이하인 비상장 스타트업을 말한다. 원래 유니콘이란 뿔이 하나 달린 말처럼 생긴 전설 속 동물을 말하는데, 스타트업이 상장하기도 전에 기업 가치가 1조 원 이상이 되는 것은 마치 유니콘처럼 상상 속에서나 존재할 수 있다는 의미로 사용되고 있다.

breakfast)를 제공하는 숙박 형태의 일을 시작한 것에서 출발했다[1]. 호텔에서는 현지의 문화를 제대로 체험하기 어렵다는 불만족을 해결하고 일반 호텔에서 할 수 없는 현지의 경험을 전달하는 것에 집중해온 에어비앤비는 지금과 같이 호스트-게스트 간 상호작용을 중시하는 형태로 발전하였으며, 이제는 어엿한 상장기업으로서 그 가치가 1,000억 달러 이상이 되고 있다.

▶이 밖에도 숙박업체 검색 및 예약의 불편함과 번거로움을 해소하기 위해 '야놀자'와 '여기어때'가 등장하였으며, 배달 음식을 시킬 때 가게별로 찾아 전화해야 하는 번거로움을 해결해준 '배달의 민족'과 '요기요'도 등장했다.

---

1   기업명 중 'bnb'는 숙소와 식사를 제공한다는 의미인 'Bed and Breakfast'라는 말을 줄인 것이다.

이처럼 많은 성공적인 기업들이 대부분 고객의 사소한 불편함이나 불만족을 해결하려는 시도에서 탄생했다. 그러니 이 장의 앞으로 돌아가서 내가 경험하고 느끼는 관광 생태계를 다시 한번 생각해보자. 아마도 그곳에 당신의 사업 아이템이 반짝이고 있을 것이다.

2) 창업 아이템 선정 팁

창업 아이템 선정에 도움이 되는 한두 가지 팁을 추가해보자. 내가 찾은 창업 아이템은 물론 '고객이 기꺼이 비용을 지불할 의사가 있는 것'이어야 하겠지만, 이왕이면 '내가 좋아하는 것'과 연결되고, 나아가 '내가 남들보다 잘할 수 있는 것'일수록 좋다. 즉, 이 세 가지 요건을 모두 충족하는 교집합에 속할수록 좋은 창업 아이템이라 할 수 있다.

'내가 좋아하는 것'은 스타트업을 창업해 사업을 추진해가는 과정에서 즐거움과 기쁨을 느껴 오랜 기간 노력과 시간을 투자할 수 있어야 한다는 의미이다. 철저하게 준비해도 성공하기 힘든 것이 스타트업의 현실이며, 대부분 좋은 순간보다는 힘들고 어려운 순간에 부딪히며 시행착오를 겪는 시간이 많을 것이다. 그래서 더더욱 노력과 끈기가 필요한 것이 바로 스타트업이다. 따라서 될 수 있으면 좋아하는 일에 시간과 열정을 투자하기를 추천한다. 그러나 창업과 성공이라는 망망대해에서 좋아하는 일을 찾기가 쉽지만은 않다. 만약 좋아하는 일을 찾지 못한 경우라면, 이왕 선택한 것인 만큼 지금 하는 일을 좋아할 수 있도록 노력하는 것도 하나의 방법이 될 수 있다.

'내가 남들보다 잘하는 것'은 경쟁자나 경쟁사와 차별화된 제품, 혹은 서비스를 제공할 수 있는 능력을 의미한다. 이는 '전문성'과도 연결될 수 있는데, 관광산업은 특히 기술적인 전문성과는 별개로 역사, 문화, 예술과 같은 인문학적 소양이나 예술적, 미적인 전문성이 필요한 경우가 많다. 특히 최근에는 국내 여행이 활성화되면서 지역의 고유한 관광자원이나 테마, 스토리 등을 활용하여 창의적인 콘텐츠 및 상품을 개발·운영할 수 있는 능력을 요구하는 사업 영역이 늘어나고 있다. 따라서 내 창업 아이템이 차별화된 경쟁력을 갖추기 위

해서는 관련 분야에 대한 전문성을 지니고 있어야 하며, 부족한 전문
성은 개인적인 학습을 통해 상쇄하려는 노력이 필요하다.

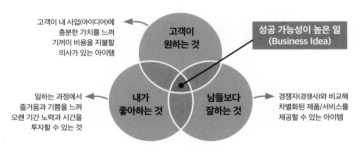

그림 9 | 창업 아이템 선정 팁

03
랜딩 포인트 찾기:
소구 대상 및 포지셔닝

1) 소구 대상 찾기

창업 아이템을 선정해 사업을 전개할 때 가장 중요한 것 중 하나는 어떤 고객 또는 이용자를 대상으로 할 것인지를 구체화하는 것이다. 특히 스타트업의 경우에는 자금이나 인력이 한정되어 있어 모든 고객의 특성이나 상황에 맞는 제품과 서비스를 제공하는 것이 현실적으로 불가능하므로, 명확한 소구訴求 대상을 찾아야 한다. 이 것이 고객을 세분화하여 목표 고객을 설정하는 단계이다.

고객 세분화는 전체 고객을 유사한 속성을 가진 집단으로 나누어 보고 이 중 나의 상품 혹은 서비스를 구매할 가능성이 큰 집단을 추려내는 것이다. 고객 세분화를 위한 방법은 매우 다양하다. 크게는 B2B, B2C, B2G, O2O 등 거래 주체에 따라 구분하는 방법부터 인구통계학적, 지리적, 심리적, 행위적 세분화 등 개인 중심적으로 구분하는 방법 등이 존재한다. 통계 분석적 방법까지 포함하면 끝없이 열거할 수 있지만, 여기서는 통상적 방법인 거래 주체에 따른 분류와 개인 중심적 세분화, 그리고 이에 따른 방법에 관해 간략히 소개하고자 한다.

(1) 거래 주체에 따른 분류

먼저, 거래 주체에 따라 시장을 구분하는 방식은 일반 소비자를 목표로 하는 B2C *Business to Consumer* 와 사업자인 회사를 목표로 하는 B2B *Business to Business* 로 구분할 수 있다. B2C는 비즈니스를 통해 일반 고객에게 상품이나 서비스를 판매하는 것인 반면, B2B는 회사나 기업이 고객이 된다. 이들보다 일반적이지는 않지만 정부나 공적 기관을 대상으로 하는 사업을 B2G *Business to Government* 로 구분하는 예도 있다. 그리고 최근에는 '중고나라'나 '직방'과 같이 고객과 고객의 거래를 중계하는 역할을 하는 모델로 C2C *Consumer to Consumer* 나 '우버', '배달의민족', '아마존GO' 등 전자상거래에서 온라인과 오프라인이 연결되는 형태인 O2O *Online to Offline* 로 시장을 세분화하고 있다.

(2) 개인 중심적 세분화

다음으로는 개인 중심적 세분화 방법이 있다.

대표적으로 인구통계학적 분류가 있는데, 연령, 성별, 가족 구성, 소득, 직업, 교육 수준, 종교, 인종, 세대, 국적 등으로 구분하여 이들의 성향이나 특성을 나눠보는 것이다. 젊은층과 노년층의 여가나 관광 형태가 다를 수 있으며, 소득수준에 따라서 관광객의 기호가 다르게 나타나고, 성별이나 연령도 고객 세분화의 방법으로써 매우 중요하게 작용할 수 있다.

지리적인 분류는 나라, 지역, 도시 등에 따라 소비자의 기호나 추구 성향이 다를 수 있다는 가정에서 비롯된다. 내륙지방과 해안지방 거주민의 여행 취향은 다를 수 있으며, 대도시와 지방 소비자 간에도 관광지 선호도 등 추구하는 바가 다를 수 있다.

심리적인 성향은 가치관, 라이프스타일, 성격 등에 따라 분류하는 방법으로 목표하는 고객을 활동 지향적 성향이나 보수적인 성향 등에 따라 구분할 수 있으며, 유사한 그룹 내에서도 서로 다른 성격이나 라이프스타일에 따라 소비 방식이나 취향이 다를 수 있다.

마지막으로 행동에 따른 분류가 있는데 잠재적 고객, 단골고객, 신규고객 등으로 구분하거나, 일상적인 상황과 특별한 상황 등으로 구분해 보는 방법이다.

이러한 고객 세분화는 단순히 고객을 구분하는 것에서 그치는 것이 아니라 ▲고객들의 행동 특성을 명확히 기술하고 설명하는 데에 도움이 되어야 하고, ▲세분된 고객에 대한 목표 설정 및 포지셔닝 측면에서 현실적으로 실행 가능해야 하며, ▲세분된 고객은 경제적인 가치, 즉 구매력이 있어야 한다. 따라서 내 사업에 필요한 전형적인 고객의 프로필은 어떠한지, 가장 중요한 고객층은 누구인지, 가장 큰 비중을 차지하는 고객은 어떤 유형인지, 그리고 가장 먼저 목표로 삼아야 할 고객이 누구인지 등을 고객 세분화를 통해 발견해내야 한다.

기준	질문	세분화 내용
WHO	누가 사용하나?	• 제품 및 서비스를 사용할 고객의 특성 - 인구통계학적 특성, 지리적 특성, 심리적 성향, 행동적 성향
WHAT	무엇을 사용하나?	• 사용하는 제품 및 서비스의 특성에 따른 분류 - 소모품 혹은 내구재, 부품 혹은 최종상품, 전문제품 혹은 일반제품
HOW	어떻게 획득하나?	• 제품 및 서비스의 획득 방식에 따른 분류 - 획득 방식의 배타성(독점 vs. 경쟁), 계약기간, 구매위치(온라인, 쇼핑센터, 소매점), 단독 vs. 집단구매, 구매결정방식(입찰, 전문가집단 등)
WHERE	어디서 사용하나?	• 제품 및 서비스가 소비되는 위치의 특성에 따른 분류 - 국가, 지역, 건물, 고정 또는 이동, 넓은 혹은 좁은 등
WHEN	언제 사용되나?	• 제품 및 서비스가 소비되는 시점에 따른 분류 - 소비시점, 소비시간, 계절, 성수기 또는 비성수기 등

표 1 | 시장 세분화의 기준

2) 포지셔닝

목표 고객이 어느 정도 설정되었다면 이제는 내 창업 아이템이 경쟁 아이템에 비해 차별적인 특성을 갖도록 개념이나 포지션을 정하고, 이를 통해 소비자의 머릿속에서 내 아이템을 적절히 위치시킬 수 있는 방법을 고민해보아야 한다. 이를 포지셔닝*positioning*이라 하며, 훌륭한 포지셔닝은 회사가 제공하는 가치를 남들과 어떻게 차별화해서 고객에게 제공할 것인지를 확신하는 데 있다. 많은 스타트업이 제품과 서비스만을 먼저 만들면서 마케팅에 대해서는 고려하지 않는다. 하지만 마케팅의 기초인 포지셔닝은 제품과 서비스를 만드는 시점부터 이미 구상돼있어야 한다.

포지셔닝 전략은 기본적으로 4가지를 고려해야 하는데 시장정보, 고객층, 경쟁 분석 및 가치제공 방법이 그것이다.

- 시장 정보란 내가 진입하고자 하는 시장의 규모나 경쟁자들, 그리고 사업 분야의 성장단계 등을 파악해보는 것이다.
- 고객층은 앞서 분석한 목표 고객 설정을 위해 고객을 세분화하는 것이다.
- 경쟁 분석은 현재 나와 내 회사의 위치를 강점, 약점, 기회 위협으로 나누어 객관적으로 판단해보는 것이다(SWOT 분석).
- 가치제공 방법은 앞선 분석을 토대로 고객에게 어떻게 최고 수준의 상품과 서비스를 제공할 것인지를 분석하는 것이다.

이 과정이 완료되었다면 포지셔닝 맵을 통해 자신의 제품이나 서비스가 소비자의 인식 상에서 위치하는 지점을 간편하게 시각화해보는 것을 추천한다. 포지셔닝 맵은 제품이나 서비스의 시장 분석에 필요한 2개의 핵심 항목을 각각 X, Y축에 두고 경쟁사와 자사가 2차원 평면상에서 어디에 위치하는지를 한눈에 볼 수 있도록 나타낸 그림이다. 각 축에 적용하는 분석 항목을 기준으로 경쟁사의 주력 시장 위치를 파악할 수 있으며, 이를 통해 자사가 어떤 시장에 집중해야 하는지를 쉽게 알아볼 수 있다.

SWOT 분석이란

강점과 **약점**은 회사 내부에 대한 분석을 통해 파악하고
기회와 **위협**은 회사 외부의 환경에 대한 분석을 통해 파악합니다.
내부/외부 환경 등을 종합한 **타당한 검토가 가능해 필수적으로 쓰이는 분석방법**입니다.

[내부분석]	[외부분석]
S 강점 **W** 약점	**O** 기회 **T** 위협
회사 내의 인프라로 잘할 수 있는 것과 못하는 것을 정리하는 것	회사가 어찌 할 수 없는 외부적인 환경에 의해 유불리함을 따지는 것

그림 10 | SWOT 분석

CHAPTER 4

관광스타트업의
첫 번째 성공 철칙!
~ 실전 사업계획서 작성 ~

01

내 사업을 문서로
표현하기 전 마음가짐

[Scene #1] "이거 정말 참신한 아이디어 아니니?" "음…, 네가 생각한 그거, 아마 있을걸?"

그러나 모른다. 참신한 아이디어라고 생각한 나도, 그리고 그 사업 아이템이 이미 있다고 단정하는 너도 실제 시장을 조사해 봐야만 알 수 있는 것이다. 내가 도전장을 내보려는 시장에 어떤 회사들이 존재하고 있으며, 어떤 경쟁사가 있는지, 그리고 시장의 크기는 어느 정도이며 나는 그들과 어떤 차별화 요소를 가지고 경쟁할 것인지 등등을 사전에 공들여 조사해 보고 깊게 고민해보려는 진지한 태도가 필요하다.

[Scene #2] "내 생각엔 그 점이 불편할 것 같아" "맞아, 그런 것 같아 보여"

　창업자로서 통찰력을 가지고 사업을 시작하는 것은 매우 중요하다. 하지만 실제 현장에서 경험한 바로는 많은 창업자가 그들이 상상한 단편적인 모습만을 갖고 자의적으로 판단해 오류를 범하는 경우가 많다. 따라서 이러한 오류를 줄이기 위해서는 무엇보다도 내가 출시할 제품이나 서비스에 고객이 얼마만큼의 가치를 부여해 줄지를 미리 파악해 볼 수 있어야 한다. 실제 나의 고객에게 제품과 서비스를 보여주고 자세히 설명했을 때 그들이 보이는 반응을 살펴보고 그들의 가감 없는 솔직한 의견을 주의 깊게 들어야 한다. 그렇다. 누구나 그렇듯, 그리고 언제나 그랬듯, 모든 문제는 현장에 그 답이 있다. 그렇기에 더더욱 우리에게는 고객의 삶에 깊숙이 들어가서 그들의 말에 귀를 기울이려는 겸손한 자세가 필요하다.

[Scene #3] "이거 진짜 좋은 아이디어니까 아무한테도 말하면 안 된다. 알았지?"

응, 말 안 한다. 어차피 그 사람들은 당신의 생각을 완전히 이해하지도 못했을뿐더러 그럴 생각도 전혀 없다. 오히려 창업자는 자신이 할 사업을 남들에게, 특히 전문가들에게 명확히 설명하고 그들이 알아듣도록 잘 표현할 줄 알아야 한다. 그러므로 내 사업 아이디어에 대해 누구보다도 치열하게 고민하고, 그것을 문서로 표현하고, 이를 검증받고 수정해가는 일에 지치지 않을 견고한 정신력을 만들어야 한다. 그렇다. 관광산업에서 새로운 비즈니스 모델을 찾아 실제로 사업계획서를 작성하기 위해서는 반드시 나의 마음가짐부터 제대로 잡고 시작해야 한다.

02

관광스타트업
비즈니스 모델 구축

1) 비즈니스 모델(BM)이란?

자, 이제 관광스타트업을 시작하기 위한 마음가짐이 바로 잡혔다면 관광산업이라는 넓디 넓은 시장에서 나만의 사업모델을 찾을 단계이다. 비즈니스 모델은 나의 사업이 어떠한 가치를 창출해서 어떤 방식으로 고객에게 전달되고, 어느 부분에서 수익이 발생하는지를 직관적이고 논리적으로 표현하는 것이다. 따라서 '이거다' 싶은 아이디어를 누구보다도 빨리 만들어보고, 조금 부족하더라도 시장에 출시해 고객의 의견을 받아 검증해보는 것이 매우 중요하다. 그런 다음 고객의 피드백을 바탕으로 조금씩 모델을 개선하고 고도화하는 과정을 통해서 진정한 비즈니스로써의 가능성을 확립해가는 것이다. 그렇기에 우선 어설픈 아이디어라도 빠르게 실행에 옮기고 고객의 목소리를 나의 비즈니스 모델에 담아내는 것이 무엇보다 중요하다.

전 세계적으로 유행한 코로나19 사태의 장기화로 관광산업은 유례없는 직격탄을 맞았다. 이러한 상황 속에서도 유수의 관광기업들은 각자의 분야에서 새로운 비즈니스 모델을 찾기 위한 다양한 노력을 하고 있다. 관광학계에서도 코로나 상황 속에서, 그리고 코로나 이후의 세상에서 관광의 새로운 가능성을 찾기 위한 많은 연구를 진행하고 있다. 일례로 2021년 3월에는 경희대학교의 미래관광연구회에서 「넥스트투어리즘: 관광의 미래」라는 책을 출간하고 앞으로 펼쳐질 관광의 미래에 대해 조명하였다. 이 책에서는 관광과여가 분야에서 최근 떠오르는 다양한 주제를 다루고 있는데, 학계와 업계로부터 다년간 수집하고 분석한 데이터를 기반으로 관광의 트렌드가 앞으로 어떻게 변화하고 또 진화할 것인지에 대해 10가지의 핵심 이슈를 선정해 소개하고 있다. 따라서 관광 분야에서 새로운 비즈니스 모델을 개발해보고 싶은 독자라면 아래의 주제들을 한번쯤 관심을 두고 살펴보시길 추천한다.

- 포스트 코로나 시대의 스마트관광 "COVID TRIP, COVID19 + Trip"
- 유튜브로 떠나는 랜선 여행 "Youtlo, Youtube + Travel(Trend) + Video Log"
- 골라 타는 재미가 있는 나의 여행 "Mobilution, Mobility + Revolution"
- 마음은 인싸인데 현실은 아싸인 이들의 삶과 여행법 "It's Mind Trick! Show yourself"
- 레저와 관광 활동을 한큐에 "Lactivity, Leisure + Activity"
- 시니어, Flex 해버렸지 뭐야 "내 나이는? no problem"
- 소비해라, 그럼 열릴 것이다 "너의 취향을, Respect!"
- 떼어놓을 수 없는 우리 집 막내 "It's not just a pet, Now 'Pet family'"
- Best, Travel, South-Korea "The best one pick, Korean wave"
- 관광의 현주소와 미래 관광 "Future of Tourism Industry"

2) 비즈니스 모델 활용하기

머릿속에서만 맴도는 아이디어를 매력적인 비즈니스 모델로 만들어내는 것은 그리 쉬운 일이 아니며, 번뜩이는 아이디어를 발견했더라도 막상 이를 비즈니스화하기 위해서는 다양한 제반 요소들을 고려해야 한다. 초기 창업자들은 이러한 과정을 어디서부터 어떻게 시작해야 할지 몰라 막막해하는 경우가 많은데, 이러한 어려움을 해결하고 내 사업 아이디어를 비즈니스 모델로 체계화하기 위해 전문가들은 몇 가지 핵심적인 활용 도구를 구상해 제시하고 있다. 이번 장에서는 이 중 대표적인 비즈니스 모델 분석법을 일부 소개하고자 한다.

(1) 최소변수 비즈니스 모델

최소변수 비즈니스 모델은 2008년 존슨, 크리스텐슨, 그리고 카거만 *Johnson, Christensen & Kagermann, 2008*[1]이 제시한 비즈니스 모델 분석 이론이다. 이들은 기존 연구를 바탕으로 비즈니스 모델을 고객가치 제안, 수익 공식, 핵심 자원, 핵심 프로세스라는 네 가지 구성요소로 분류했다. 이 방법은 4개의 변수로 구성되기 때문에, 제시되는 비즈니스의 개념을 짧은 시간 안에 파악하기에 가장 수월하다.

---

1   Johnson, M. W., Christensen, C. M., & Kagermann, H. (2008). Reinventing your business model. Harvard Business Review, 86(12), 57-68.

- 고객가치 제안(value proposition)은 창업자가 목표로 하는 시장에서 고객에게 충족되지 않은 편익(benefit)을 제공하거나 목표 고객이 느끼는 혜택이 무엇인지를 파악할 수 있는 변수이다.
- 수익 공식(profit formula)은 다른 말로 수익모델이라는 직관적인 단어로 이해할 수 있다. 창업을 하고 나서 적절한 이익을 내기 위해 원가를 어떻게 분석하고, 매출과 영업이익을 내기 위한 활동을 어떻게 하는지 알아볼 수 있다.
- 핵심 자원(key resources)은 고객에게 가치를 제안하고 매출을 일으키는 데 필요한 인적자원, 기술력, 제품, 지식재산권, 유통 채널, 협력사 제휴 등의 자원을 의미한다.
- 핵심 프로세스(key process)는 고객에게 가치를 지속적으로 전달하면서 매출을 달성시키기 위해 필요한 과정이다. 기업 활동 시 발생하는 문제와 그 해결책들을 말하며, 서비스 정책, 마케팅 방법, 채널 관리, 생산 공정, 평가 프로그램 등 주로 시스템과 프로그램에 관련된 것을 의미한다.

(2) 비즈니스 모델 캔버스

스위스 로잔대학교의 이브 피뉴르*Yves Pigneur,1954~* 교수와 그의 연구실 제자 알렉산더 오스터왈더*Alexander Osterwalder,1974~*는 2004년 오스터왈더가 게재한 박사 학위 논문을 개선하고 발전시켜 2010년 「비즈니스 모델의 탄생*Business Model Generation*」이라는 베스트셀러를 출간했다. 이 책에서 제시한 비즈니스 모델 캔버스*Business model Canvas, BMC*는 사업의 모든 것을 9개의 핵심 요소로 나누어 한눈에 볼 수 있게 도식화한 서식을 말한다. 비즈니스 모델 캔버스는 사업 모델을 개발하고 그것을 검증하는 데 유용하며, 스타트업의 구성원들끼리 사업 모델 요소에 대한 전략적이고 구체적인 논의

를 가능하게 하고 있다. 따라서 누구나 쉽게 이 비즈니스 모델 캔
버스를 활용해 새로운 비즈니스 기회를 찾을 수 있다.

 독자들께서도 아래의 그림과 같이 서식을 만들어보고, 본문의
설명을 참고해 이를 채워보기를 권한다.

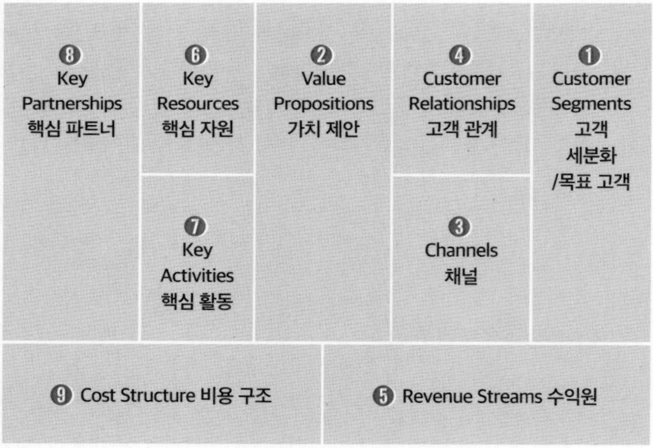

❽ Key Partnerships 핵심 파트너	❻ Key Resources 핵심 자원	❷ Value Propositions 가치 제안	❹ Customer Relationships 고객 관계	❶ Customer Segments 고객 세분화/목표 고객
	❼ Key Activities 핵심 활동		❸ Channels 채널	
❾ Cost Structure 비용 구조			❺ Revenue Streams 수익원	

그림 11 | 비즈니스 모델 캔버스

① 고객 세분화/목표 고객__Customer segments

'고객 세분화/목표 고객'은 내가 아이디어로 제시한 사업 아이템을 누가 사서 써줄 것인지를 적어보는 칸이다. 이 칸에는 누구를 위해 우리가 가치를 만들어 제공하는지, 즉 가장 중요한 고객의 정체성과 이상적으로 생각하는 고객의 페르소나[1]를 적을 수 있어야 한다. 기존의 유사한 사업 모델이 시장에서 어떻게 확립됐고, 그것이 내가 생각하는 사업 모델과 통합될 수 있는지 등을 정량적인 요소들을 제시해 적을 수 있다면 더 좋다.

목표 시장을 추정할 때는 전체시장*Total Addressable Market, TAM*, 유효 시장*Serviceable Available Market, SAM* 및 목표 시장*Serviceable Obtainable Market, SOM*을 활용하면 좋다. 이 시장 분석 형태가 가장 널리 알려져 있고, 또한 논리적으로도 충분한 근거를 마련하기에 수월한 방법이기 때문이다. 아울러 사업화 가능성에 대해 한눈에 파악되게끔 하기도 한다.

고객 세분화 파트를 작성하기 위해서는 아래와 같은 질문을 팀원과 서로 나눠볼 수 있다.

---

1   제품 및 서비스를 사용할 가상의 고객.

• 우리의 가장 중요한 고객은 누구인가?

• 우리의 상품이나 서비스로 어렵지 않게 달성 가능한 목표를 세울 수 있는가?

• 우리는 관광산업 전체시장에서 경쟁하나? 아니면 틈새시장을 공략하는가?

• 우리의 서비스는 전국적인가, 지역적인가?

• 우리는 누구를 위해 가치를 창조해야 하는가?

② 가치 제안__Value propositions

'가치 제안'은 앞서 '고객 세분화/목표 고객'으로 정한 우리의 고객에게 필요한 것이 무엇인지를 정의하는 칸이다. 특정 문제를 해결함으로써 고객에게 전달하려는 구체적인 가치에 집중하는 것인데, 쉽게 말해 고객에게 가치를 제공할 제품 및 서비스를 작성하는 것이라 할 수 있다. 다만, 기업의 관점에서 서비스나 제품을 막연히 상상하는 것이 아니라, 철저히 고객의 관점에서 우리가 어떤 편익을 제공할 수 있으며, 어떤 부분이 그들에게 유용할지에 대한 가치를 제시해야 한다. 따라서 사업을 개시하기 전에 자신이 제안하는 가치가 실제로 고객에게 만족과 감동으로 다가갈 수 있는지를 고객 인터뷰나 설문조사, 또는 직접 체험 등의 방법을 거쳐 검증해보아야 한다.

가치 제안을 작성하기 위해서는 아래와 같은 질문을 팀원과 서로 나눠볼 수 있다.

- 고객이 느끼게 될 우리의 가치는 무엇인가?
- 우리가 정한 가치 제안은 구체적으로 무엇인가?
- 현재 우리의 미션(mission)과 최종 목표(goal)가 어떻게 가치를 이끌 것인가?

③ 채널__Channels

'채널'은 우리의 고객에게 가치를 제안하고 서비스나 제품을 알리기 위한 수단을 정리해 보는 칸이다. 채널은 고객과 의사소통을 하게 되는 통로이자, 고객의 경험에 큰 영향을 미치는 영업활동이며 주요 판매처 및 서비스 채널이라고 할 수 있다.

이 칸에서는 경쟁사가 어떤 수단을 활용하는지를 살피고 이를 통해 어떤 방법이 우리에게 가장 효과적일지 분석해야 한다. 웹^{web} 상에서의 온라인을 통한 노출이나 모바일 앱^{app} 판매뿐만 아니라 실제 상품의 경우에도 오프라인 점포나 마켓 플레이스가 곧 채널이라 할 수 있다.

채널을 작성하기 위해서는 아래 질문들을 스스로에게 던져볼 수 있다.

- 우리는 고객에게 어떻게 접근해야 하는가?
- 우리는 어떠한 메시지를 고객에게 전달해야 하는가?
- 서비스나 제품을 판매하기 위한 장소가 필요한가? 아니면 가상의 공간을 활용할 수 있나?
- 온라인 노출이 반드시 필요한가?
- 우리의 서비스를 활용하는 고객과의 관계를 어떻게 유지할 것인가?

④ 고객 관계__Customer relationships

목표로 설정한 고객군이 우리의 서비스나 제품을 지속적으로 이용 및 구매하게 하기 위해 어떤 형태로 관계를 형성할 것인지에 대한 정의를 내려보는 칸이다.

고객 관계를 형성할 때 사용 가능한 몇 가지 방법이 있다. 구매 활동을 하는 고객을 해당 제품 담당자가 응대하는 방법, 고객별로 전문가가 직접 해당 고객을 챙기는 방법, 고객과 직접적으로 소통하지 않고 고객 스스로 해결하도록 필요한 수단을 제공하는 방법, 자동화 기능을 탑재한 자동 프로세스 방법, 그리고 현재 고객 및 잠재 고객과 커뮤니티 구성을 통해 밀접한 관계로 인식하게 하는 방법 등이 그것이다.

고객 관계를 작성하기 위해서는 아래와 같이 자문해볼 수 있다.

• 고객을 어떻게 유치하고 유지해갈 것인가?
• 어떤 방법으로 고객 관계를 구축할 것인가?
• 고객 관계는 여러 가지 사업 영역과 어떻게 통합되는가?

⑤ 수익원__Revenue streams

'수익원'은 고객이 우리 서비스나 제품을 이용한 대가로 돈을 지불하는, 즉 고객으로부터 창출되는 수익에 대해 적어보는 칸이다.

「비즈니스 모델의 탄생」에서는 수익원에 대해 "기업이 각 고객 세그먼트 *segment*로부터 창출하는 현금을 의미한다"라고 정의하고 있다. 흔히 수익원을 사업계획서나 투자자 관계 *Investor Relations: IR*에서 제시하는 수익모델 *revenue model*이나 비즈니스 모델 *business model*이라는 용어와 혼용하기도 하지만 실제로는 조금 차이가 있다. 정확히 설명하자면 비즈니스 모델은 광의의 개념이며 그 안에 수익모델이 존재하고, 수익모델 안에 수익원이 들어가는 개념으로 보면 되겠다.

수익원을 작성하기 위해서는 아래 질문을 팀원들과 나눠볼 수 있다.

• 고객들은 무엇을 위해 돈을 지불하고 싶어하는가?
• 고객들은 어떻게 돈을 지불하고 있는가?
• 각각의 수익원은 전체 수익에 얼마나 기여하고 있는가?
• 가격 책정 전략은 무엇인가?

또한, 수익을 창출하는 방법은 아래 항목들을 참고할 수 있다.

구분	방법
물품 판매	- 자사가 보유한 물리적 제품의 소유권을 판매하는 것
이용료	- 특정 서비스를 이용하게 함으로써 발생하는 수익원
가입비	- 서비스 이용에 대한 허가 또는 지속적인 이용 권한을 판매하는 것
대여료/임대료	- 특정 자산을 일정 기간/시간 동안 이용할 수 있는 권리를 주는 대가로 받는 수수료
라이센싱	- 고객들에게 특정 지적 재산권의 사용을 허가한 후 받는 사용료
중개수수료	- 양자 간 또는 다자간 당사자들을 대신해 매개 역할을 하여 거래가 발생하거나 부가가치가 창출되는 것에 대해 일정 금액을 수수료로 징수하는 것
광고료	- 특정 상품이나 서비스, 브랜드를 광고해줌으로써 발생하는 수익

표 2 | 수익 창출 방법

⑥ 핵심 자원__ Key resources

'핵심 자원'은 우리 스타트업이 서비스나 제품을 만들고 운영하기 위해 투입해야 할 자원이 무엇인지 채워보는 칸으로, 물적 자원뿐만 아니라 무형의 자원도 모두 포함하는 개념이다. 즉, 핵심 자원은 크게 생산부지·건물 등의 유형 자원과 특허·상표·고객 데이터 등의 무형자원, 그리고 기획·개발·마케팅 등을 담당하는 인적자원 및 현금 유동성, 신용도 등의 재무자원 등으로 분류해

볼 수 있다.

핵심 자원을 작성하기 위해서는 아래 질문을 상정해볼 수 있다.

- 우리 회사의 키 플레이어(key player)는 누구인가?
- 우리 팀원들의 강점은 무엇인가?
- 우리의 가치 제안은 어떤 유·무형의 자원을 필요로 하는가?

⑦ 핵심 활동 __ Key activities

스타트업은 J-Curve[1]를 그리기 위해 전력을 다해야 하고, 스타트업 창업자는 최소한의 비용으로 최대의 성과를 내야만 하는 숙명을 안고 사업을 운영한다. '핵심 활동'은 기업성과 측정의 기초를 만드는 솔루션의 세부 요소인 핵심 문제, 솔루션 및 지표로 분류할 수 있다. 이와 함께 우리의 가치를 제공하기 위한 필수 활동들로써 제품이나 서비스의 제작 과정이 될 수도 있으며, 인재를 영입하는 것도 핵심 활동에 포함될 수 있다.

핵심 활동을 작성하기 위해서는 아래 질문을 던져볼 수 있다.

---

1   용어의 개념에 대해서는 158페이지 참고.

- 우리의 가치 제안은 어떤 핵심 활동을 요구하는가?
- 고객이 처한 각각의 문제에 대한 새로운 해결책은 무엇인가?
- 우리의 제품을 어떤 방식으로 설계, 제작 및 운송하는 것이 바람직한 방법인가?

⑧ 핵심 파트너__ Key partnerships

창업자는 공급자와 파트너 사이의 관계를 고려해서 우리의 핵심 공급자, 즉 '핵심 파트너'는 누구인지를 생각해봐야 한다. 기업은 비용 절감이나 기업 간 인프라 공유를 통한 규모의 경제를 위해, 또는 리스크나 불확실성을 줄이기 위해, 아니면 타 기업을 이용한 자원 및 활동을 획득하기 위해 파트너십을 구축한다. 파트너십은 비 경쟁자들 간의 전략적인 동맹이나 경쟁자들 간의 전략적 동맹, 그리고 신사업을 위한 조인트벤처(Joint Venture: 합작투자)나 안정적인 공급을 위한 관계 형성 등으로 구분할 수 있다.

핵심 파트너를 작성하기 위해서는 아래 질문을 작성해볼 수 있다.

- 우리의 핵심 파트너는 누구인가?
- 우리의 핵심 서포터는 누구인가?
- 우리는 파트너로부터 어떤 핵심 자원을 얻는가?
- 파트너는 어떤 핵심 활동을 수행하는가?

⑨ 비용 구조 _ Cost structure

'비용 구조'는 취득 원가, 핵심 자원, 수익성에 영향을 미치는 활동 등 사업을 운영하는데 소요되는 모든 비용을 말한다. 구체적으로는 비용 절감에 초점을 맞추는 비용 주도적 구조와, 비용보다는 가치에 더 초점을 맞추는 가치 주도적 구조로 구분할 수 있다. 또한 실체적 관점에서는 비용 구조를 크게 고정비와 변동비로 나눌 수 있는데, 이 때 고정비는 인건비, 감가상각비, 월세, 보험료 등과 같이 매출액 크기와 관계 없이 고정적으로 발생하는 비용을 의미하며, 변동비는 재료비, 아르바이트 비용, 광고비 등 매출액 크기에 비례해 발생하는 비용을 의미한다.

비용 구조를 작성하기 위해서는 아래 질문을 던져볼 수 있다.

- 우리의 사업 모델에서 가장 중요한 비용은 무엇인가?
- 어떤 핵심 자원이 가장 높은 비용을 차지하는가?
- 어떤 핵심 활동에서 비용이 가장 많이 소요되는가?

관광스타트업 창업자와 팀원들은 비즈니스 모델을 구축하는 단계에서 이상과 같이 비즈니스 모델 캔버스라는 프레임워크를 통해 시각화된 자료를 바탕으로 자신들의 사업 계획을 효과적으로 연구하고 개선해나갈 수 있다.

(3) 린 캔버스

앞서 살펴본 최소변수 비즈니스 모델 분석법과 비즈니스 모델 캔버스는 모두 스타트업의 비즈니스 개념을 이해하고 분석하는데 적합한 방법들이다. 다만, 실제로 국내 창업자들이 주로 도전하는 분야라 할 수 있는 정부지원 사업계획서를 작성하는 데는 린 캔버스*Lean Canvas* 방식이 가장 효과적이다.

린 캔버스 방식은 2012년에 에릭 리스*Eric Ries, 1978~*가 쓴「린 스타트업*Running Lean*」이라는 책에서 처음 소개한 분석 방법이다. 저자인 에릭 리스는 스타트업 회사인 IMVU의 창립자 중 한 명이자, 팀 내에서는 최고기술경영자*CTO* 직무를 맡은 인물이다. 그는 IMVU 설립 초기에 다양한 어려움을 겪던 중 토요타*Toyota*의 생산 시스템인 린 기법*lean production*에 영감을 받아 린 스타트업*Lean Startup*을 개발하였다. 이후 그는 세계적인 비즈니스 관련 행사에서 수많은 강연을 하였으며, 그가 주창한 린 스타트업 방법론은 월 스트리트 저널, 하버드 비즈니스 리뷰, 허핑턴 포스트 등의 유수 매체에서 다루어졌다. 그는 책에서 스타트업이 비용과 시간의 절약을 통한 최적화된 운영을 위해 핵심적인 최소한의 기능을 갖춘 제품이나 서비스인 MVP *Minimum Valuable Product*를 빠르게 시장에 먼저 내놓고, 고객 반응이나 피드백을 반영해 제품이나 서비스를 지속해 보완해나가는 스타트업 운영 방식을 설명한다.

PROBLEM 문제 해결해야 하는 문제, 혹은 시장에서 고객이 겪고 있는 문제와 기존 대안을 기술	SOLUTION 해결책 문제를 해결할 수 있는 아이디어나 핵심기능을 기술 KEY METRICS 핵심지표 사업 현황을 보여주기 위해 측정해야 하는 핵심 활동을 기술	UNIQUE VALUE PROPOSITION 고유의 가치 제안 아이디어와 해결책을 바탕으로 고객이 우리의 제품 및 서비스를 선택할 만한 가치는 무엇인지, 타사와의 차별점은 무엇인지 등을 기술	UNFAIR ADVANTAGE 경쟁우위 다른 제품 및 서비스가 쉽게 모방할 수 없는 특징을 기술 CHANNELS 채널 고객에게 가치를 어떻게 전달할지 (고객 도달 경로)를 기술	CUSTOMER SEGMENTS 고객 세그먼트 제품 및 서비스를 구매하는 사람의 페르소나를 상상하고 그들의 특징을 정리

COST STRUCTURE 비용구조 비용 조달 방법 및 구조 등을 기술 (고객획득 비용, 유통비용, 호스팅, 인건비 등)	REVENUE STREAMS 수익원 고객을 통해 어떻게 수익을 창출할 수 있는지를 기술 (매출 모델, 생애가치 등)

그림 12 | 린 캔버스

린 캔버스는 앞서 본 비즈니스 모델 캔버스와 같이 9개 칸으로 나누어져 있지만, 이 중 4개는 조금 다른 내용으로 채워진다. 종합적으로 살펴보면, 비즈니스 모델 캔버스가 고객이나 사용자가 얻는 혜택과 가치를 중심으로 고객에게 접근하는 방식과 생산의 필수적 요소에 집중하는 반면, 린 캔버스는 고객이 겪고 있는 문제와 우리 사업모델의 경쟁우위에 대해 더 강조하는 형식이라 할 수 있다.

구체적으로 린 캔버스는 비즈니스 모델 캔버스와 달리 '문제 *problem*', '해결방안 *solution*', '경쟁우위 *unfair advantage*', '핵심 지표 *key metrics*'의 4개 항목을 제안하고 있으며, 이를 통해 고객이나 사용자의 문제와 해결에 더욱 집중하고 조직의 경쟁 우위가 반영된 핵심 지표로의 성과를 측정하고자 한다. 즉, 린 캔버스는 비즈니스 모델 캔버스 중 예비 창업자나 극 초기 창업자가 작성하기에는 적합하지 않은 4가지 항목을 대체함으로써, 사업에 대한 가설 검증에 더욱 집중할 수 있도록 제시하고 있다. 따라서, 린 캔버스의 구성요소들을 따라 비즈니스 모델을 작성하다 보면 정부 지원사업 표준사업계획서의 작성 양식인 PSST 형식의 사업계획서를 만드는 데에도 유용하게 적용할 수 있다[1].

아래는 저자가 실제로 '스쿨트립'이란 서비스를 개발할 당시 작성했던 린 캔버스의 사례이다.

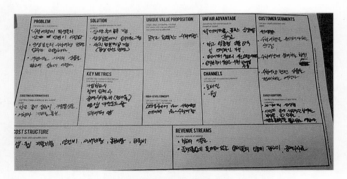

그림 13 | '스쿨트립'의 린 캔버스 작성 사례

---

1 PSST 형식의 사업계획서 작성에 대해서는 다음 장에서 더욱 구체적으로 설명하도록 하겠다.

앞서 살펴본 비즈니스 모델 분석법 3가지를 표로 나누어 살펴
보면 [그림 14]와 같이 정리할 수 있다. 요컨대, 최소변수 비즈니
스 모델, 비즈니스 캔버스 모델, 린 캔버스 모델 모두 창업의 핵심
개념으로, 인적·물적 자원을 적절히 결합하여 미리 설정된 가치
를 제안하고, 수익이라는 목적을 달성하기 위해 상품이나 서비스
를 조달, 생산, 판매하거나 그와 부수된 활동을 하여 문제를 해결
하는 과정이라 할 수 있다.

최소변수 비즈니스 모델	비즈니스 캔버스 모델	린 캔버스 모델		창업의 핵심 개념
가치제안	가치제안	가치제안		가치제안 (비즈니스 콘셉트)
	고객관계	경쟁우위(차별화)		
	채널	채널		
	고객세분화	고객(목표화)	→	
수익공식	수익원	수익원		수익모델
	비용구조	비용구조		
핵심자원	핵심자원	문제		문제 및 해결책 (가치 제안으로 흡수)
	핵심파트너십	해결책		
핵심프로세스	핵심활동	핵심지표		

그림 14 | 비즈니스 모델 분석법 3가지 비교

03

정부 지원사업
사업계획서 작성 실무

1) 정부 지원사업의 개요 및 현황

사업 아이디어를 바탕으로 비즈니스 캔버스를 활용해 기초적인 비즈니스 모델을 구축했다면, 이제는 실제 사업을 시작하기 위한 준비를 해야 할 시기이다. 자본금의 확보는 본격적인 사업 추진의 시발점이자 많은 창업자가 창업 초기에 가장 노력을 쏟아붓는 단계라고 할 수 있다. 실제로 자본금을 마련하는 방법은 너무나 다양한데, 이 장에서는 많은 창업자가 관심을 갖고 도전하고 있는 정부 지원사업을 통한 자본금 확보 방법을 중심으로 설명하도록 하겠다.

4차 산업혁명 시대를 맞아 우리 정부에서는 뛰어난 사업 아이템과 역량을 보유한 창업자를 위해 스타트업 창업에 대한 다양한 지원책을 추진하고 있다. 특히, 최근에는 정부의 사업 지원 금액이나 지원 형태도 더 많아지고 다양해지는 추세이다.

정부지원금이란 말 그대로 정부에서 개인의 창업을 무상으로 지원하는 자금이다. 정부지원금은 창업자가 정부에 사업의 지분을 내어 주거나 정부로부터 대출을 받는 것이 아닌, 순수하게 지원을 목적으로 한 재화를 의미한다. 정부 입장에서도 다양한 창업 활동을 통한 산업 생태계의 확장은 국가의 산업 발전과 고용 확대에 큰 역할을 하므로, 국가 경제에 도움이 될만한 다양한 스타트업의 배출을 지원하는 것이 중요한 산업 정책 중 하나이다. 특히, 정부는 코로나19로 위축된 관광산업의 회복과 발전을 위해 문화콘텐츠 중심의 미래지향적 융합 분야인 관광산업을 살리기 위해 노력하고 있으며, 이에 따라 해당 분야의 창업 지원사업에도 많은 예산을 편성하고 있다. 정부는 2021년에만 32개 기관에서 총 1조 5,179억 원의 창업지원 예산을 편성했는데, 이 중 문화체육관광부가 중앙부처 기준으로는 두 번째로 높은 예산 비중을 차지했으며, 주로 한국관광공사 및 한국콘텐츠진흥원 등의 관계기관을 통해 문화관광 분야 창업을 지원하였다.

문화체육관광부의 경우 관광산업 활성화 지원책의 일환으로 '관광사업 창업지원 및 벤처 육성' 정책을 통해 관광사업 발굴 및 지원, 관광사업 도약 및 성장 지원, 관광사업 지원기반 구축, 관광기업 육성펀드 조성과 같은 다양한 관광벤처기업 및 스타트업 육성 지원사업을 수행해나가고 있다. 지원 규모도 2020년 약 514억 수준이었던 것이 2021년 약 745억, 2022년 약 763억으로 해마다 늘어나는 추세이며, 특히 문화, 관광, K-콘텐츠 분야의 창업지원에 많은 재정을 투입하는 분위기이기 때문에 향후 관련분야에서의 창업이 더욱 활발해질 것으로 예상된다.

(단위: 억 원, %)

중앙부처			광역지자체		
기관	예산	비율	기관	예산	비율
중소벤처기업부	12330.1	81.23	서울특별시	237.0	1.56
문화체육관광부	491.6	3.24	경기도	206.4	1.36
과학기술 정보통신부	457.7	3.02	대전광역시	77.6	0.51
고용노동부	298.5	1.97	부산광역시	52.2	0.34
농림축산식품부	161.9	1.06	충청남도	50.4	0.33
특허청	153.2	1.01	울산광역시	42.0	0.28
농촌진흥청	122.0	0.80	경상북도	38.1	0.25
환경부	120.0	0.79	강원도	24.4	0.16
보건복지부	78.0	0.51	전라북도	22.6	0.15
해양수산부	70.6	0.46	대구광역시	17.5	0.12
교육부	58.1	0.38	경상남도	9.2	0.06
기획재정부	16.3	0.11	세종특별 자치시	7.4	0.05
법무부	8.4	0.06	인천광역시	7.3	0.05
기상청	1.6	0.01	제주도	6.8	0.04
국토교통부	0.7	0.01	전라남도	4.8	0.03
소계 (15개 부처, 90개 산업)	1조 4,368억 원 (94.7%)		광주시	4.0	0.03
			충청북도	3.0	0.02
			소계 (17개 시도, 104개 사업)	811억 원 (5.3%)	
32개 기관, 194개 사업, 1조 5,179억 원					

자료: 중소벤처기업부 산하 창업진흥원 통합 사업공지 사이트 (www.k-startup.go.kr)

표 3 | '21년 정부 창업지원 예산 규모

　이와 함께, 정부에서는 아래 그림과 같이 창업기업의 성장단계를 '예비창업 단계 → 창업 단계 → 성장 단계'로 구분하고, 해당 단계에 적합한 다양한 지원사업을 추진하고 있다.

예비창업 단계	창업 단계	성장 단계
예비창업 또는 창업 초기 기업 〈 기본적으로 아이디어만 있고 다른 제반 여건은 완비되어 있지 못한 미개발 상황	창업 3년 이내의 기업 제품이나 서비스에 대한 기술적인 가능성은 있지만 사업성은 입증되지 않은 원형만 갖춘 상태	성장초기: 창업 7년 이하 또는 매출액 50억 이하 성장단계: 창업 7년 이상 또는 매출액 50억 이상
• 예비창업패키지 • 창업 맞춤형 사업 • 창업선도대학 창업사업화지원 • 청년창업사관학교 • 실전창업리그 • 글로벌청년 창업활성화 • 선도벤처연계 기술창업 • 연구원특화예비창업자육성 등	• 초기창업패키지 • 1인창조기업과제 • 창업성장 기술개발사업 • 재 창업 전용 기술개발사업 • 서비스 기술개발 • 기업부설연구소사업 • 글로벌 시장형 창업사업화 등	• 성장도약패키지 • 기술혁신개발사업 • 구매조건부신제품개발사업 • 민관공동투자 • 융복합 기술개발사업 • 문체부, 과기정통부, 산업부, 환경부, 농축식품부, 교육부 지원사업 등

그림 15 | 창업기업의 성장단계

　여기에서 가장 중요한 것이 바로 사업계획서 작성이다. 정부 지

원 사업에 도전하는 창업자가 아무리 자신의 사업 아이템을 자신한
다고 하더라도, 사업 심사의 첫 번째 단계인 사업계획서 평가를 통
과하지 못한다면 아무런 의미가 없다. 지원 사업을 준비하다 보면
알게 되겠지만, 아무리 모집 공고와 사업계획서 작성 양식을 여러
번 살펴봐도 실제로 이를 어떻게 작성해야 할지 막막해지는 경우가
꼭 발생한다. 따라서 다음 항목에서는 예비창업 단계와 창업 초기
단계에서 (예비, 초기)관광스타트업으로 지원 가능한 대표적인 정부
지원사업을 중심으로 실무적인 부분을 강조하여 사업계획서 작성
요령을 설명하고자 한다.

먼저 중소벤처기업부 산하 공공기관인 창업진흥원의 예비창업
패키지, 청년창업사관학교 및 초기창업패키지 지원사업의 사업계
획서 양식은 PSST 형식을 기반으로 대부분 비슷하게 구성돼있다.
하지만 창업 지원사업을 한 번에 합격하기란 정말 쉽지 않은 일이
며, 매번 사업계획서를 새로 작성하는 데 들어가는 시간과 정성도
만만치 않을뿐더러 꽤 번거로운 작업이다. 따라서 예비창업패키지
나 청년창업사관학교로 시작하는 정부 지원 표준사업계획서를 대
표로 작성한 후 이를 중심으로 계속 추가 및 보완해가며 작성하기
를 추천한다. 이것을 초반에 잘 준비할 수 있다면 다른 창업 지원사
업에도 이를 유사하게 적용해 사용할 수 있다.

2) PSST 방식 표준사업계획서: 예비창업패키지, 청년창업사관학교

　예비창업패키지는 혁신적인 기술을 갖춘 예비 창업자에게 사업화 자금과 창업 교육 및 멘토링 등을 지원하는 창업 준비단계 전용 프로그램으로, 창업을 생각하고 실제 준비 중인 예비 창업자를 위한 지원사업이다. 지원자가 이전에 한 번도 개인사업자나 법인사업자를 등록한 적이 없어야 하는 것이 지원조건이며, 최종 선정되었을 경우 협약 기간 종료일 3개월 이내에 해당 아이템으로 사업자 등록을 완료해야 한다. 예비창업패키지는 창업진흥원에서 전담하고 있으며, 2020년에는 예비 창업자 1,500명 가량이 지원했다. 각 사업 분야별로 전국 지정 대학교나 공기업, 공공기관 등이 사업을 맡아 수행하는데 관광 분야의 경우 한국관광공사가 주관기관이다.

　청년창업사관학교는 유망 창업 아이템과 혁신기술을 보유한 우수 창업자를 발굴해 성공적인 창업 사업화 등 창업 전 단계를 패키지로 지원하는 사업이다. 사업 제목에서 알 수 있듯 지원 대상은 만 39세 이하, 혹은 창업 후 3년 이내 창업기업 대표이며, 고용 및 부가가치 창출이 높은 기술집약 업종을 위주로 선정한다. 최대 1억 이내 사업비 지원, 창업 공간, 창업 코칭, 융자 및 투자 마케팅까지 연계 지원한다. 청년창업사관학교는 중소벤처기업진흥공단에서 전담하고 있으며, 2021년에는 입교자 1,065명이 최종 선정되었다. 경쟁률은 5:1 수준이었고 선정 기업 절반 이상이 지역주력사업과 4차 산업혁명 분야였다. 지원 시 주의할 부분은 지역별로 청년창업사관학교의 특성화 분야가 있다는 것이다. 서울의 경우 ICT(Information &

Communications Technology: 정보통신기술) 분야가 특성화 분야이며, 경기 북부(파주)는 K-Culture 및 관광 분야를 우선 선발 분야로 모집한다. 모집인원이나 특성화 분야가 지역별로 나누어져 있기에 매년 1월경 나오는 공고를 놓치지 말고 자세히 확인하는 것이 좋다.

예비창업패키지와 청년창업사관학교 사업 모두 사업계획서 양식은 앞서 언급한 대로 표준사업계획서 양식인 PSST 형식을 따르고 있다. 그러니 여기에서는 실제 사업계획서의 작성 방식을 설명하기 위해 정부 지원 표준사업계획서를 예로 들어 자세히 살펴보도록 하겠다.

(1) 목차 살펴보기

정부 지원 표준사업계획서 양식을 보면 아래 그림과 같이 작성해야 할 내용에 대한 목차가 나열되어 있다.

작성자는 우선 일반현황과 창업 아이템 개요(요약)를 정리한 후 PSST 목차를 바탕으로 구체적인 사업계획서를 작성하면 된다. 작성이 완료된 후에는 해당 페이지를 삭제한 후 담당 기관에 제출해야 한다. 또한 전체 양식에서 색으로 표시된 안내 문구는 삭제하고 검정색 글씨로 작성하여 제출하면 된다.

사업계획서 작성 목차

항목	세부항목
☐ 일반 현황	- 기본정보 : 대표자, 아이템명 등 일반현황 및 제품(서비스) 개요 - 세부정보 : 신청분야, 기술분야 신청자 세부정보 기재
☐ 창업아이템 개요(요약)	- 창업아이템 소개, 차별성, 개발경과, 국내외 목표시장, 창업아이템 이미지 등을 요약하여 기재
1. 문제인식 (Problem)	**1-1. 창업아이템의 개발동기** - 창업아이템의 부재로 불편한 점, 국내·외 시장(사회·경제·기술)의 문제점을 혁신적으로 해결하기 위한 방안 등을 기재 **1-2 창업아이템의 목적(필요성)** - 창업아이템의 구현하고자 하는 목적, 국내·외 시장(사회·경제·기술)의 문제점을 혁신적으로 해결하기 위한 방안 등을 기재
2. 실현가능성 (Solution)	**2-1. 창업아이템의 개발·사업화 전략** - 비즈니스 모델(BM), 제품(서비스) 구현정도, 제작 소요기간 및 제작방법(자체, 외주), 추진일정 등을 기재 **2-2. 창업아이템의 시장분석 및 경쟁력 확보방안** - 기능·효용·성분·디자인·스타일 등의 측면에서 현재 시장에서의 대체재(경쟁사) 대비 우위요소, 차별화 전략 등을 기재
3. 성장전략 (Scale-up)	**3-1. 자금소요 및 조달계획** - 자금의 필요성, 금액의 적정성 여부를 판단할 수 있도록 사업비 (사업화자금)의 사용계획 등을 기재 **3-2. 시장진입 및 성과창출 전략** - 내수시장 : 주 소비자층, 시장진출 전략, 그간 실적 등 - 해외시장 : 글로벌 진출 실적, 역량, 수출망 확보계획 등
4. 팀 구성 (Team)	**4-1. 대표자 및 팀원의 보유역량** - 대표자 및 팀원(업무파트너 포함) 보유하고 있는 경험, 기술력, 노하우 등 기재

그림 16 | 정부 지원 표준사업계획서 작성 목차

(2) 일반현황 작성

사업계획서에서 가장 먼저 작성해야 할 것은 '일반현황' 항목이다. 사업화 과제명은 되도록 한 문장으로 내가 어떤 사업을 하는지를 명확하게 표현해주는 것이 좋다. 사업비 구성계획은 정부지원금으로 획득 가능한 최대 금액을 써 주는 것이 좋은데, 이유는 어차피 선정되면 이후 일부 금액은 삭감되기 때문이다. 나머지 내용은 일반적인 현황을 사실대로 기재하면 된다.

예비창업패키지 사업계획서

※ 본문 5페이지 내외(일반현황, 창업아이템 개요 제외)로 작성(증빙서류 등은 제한 없음), '파란색 안내 문구'는 삭제하고 검정색 글씨로 작성하여 제출, 양식의 목차, 표는 변경 또는 삭제 불가 (행추가는 가능, 해당사항이 없는 경우 공란으로 유지)하며, 필요시 사진(이미지) 또는 표 추가 가능

☐ **일반현황** (※ 온라인 신청서와 동일하게 작성)

신청 주관기관 (택 1)	☐ 광주과학기술원		☐ 스마트도시협회	☐ 한국로봇산업진흥원
	☐ 한국발명진흥원		☐ 한국보건산업진흥원	☐ 한국세라믹기술원
	☐ 한국수자원공사		☐ 한국에너지공단	☐ 한국임업진흥원
	☐ 한국핀테크지원센터		☐ 한국해양과학기술원	☐ 한국관광공사
창업아이템명				
기술분야	*정보·통신, 기계·소재 (* 온라인 신청서와 동일하게 작성)*			
신청자 성명		생년월일	1900.00.00	성별	남 / 여
직업	교수 / 연구원 / 일반인 / 대학생…	사업장 설립 예정지	○○도 ○○시	

팀 구성 (신청자 제외)					
순번	직급	성명	담당업무	주요경력	비고
1	대리	○○○	해외 영업	미국 ○○대 경영학 전공	채용예정 ('19.9)
…					

그림 17 | 일반현황 작성 양식

(3) 아이템 개요 작성

다음은 '사업화 과제 개요(요약)' 항목인데, 표준사업계획서 작성에서 가장 중요한 부분이라고 할 수 있다. 정부 지원사업의 심사자들은 정해진 시간 내에 전체 지원자의 서류들을 평가해야 하므로 모든 서류를 꼼꼼하게 읽어보기란 사실 쉬운 일이 아니다. 그래서 심사자들은 사업 개요를 중심으로 사업의 가능성을 우선적으로 파악하고, 요약표에 없는 내용이나 추가 설명이 필요한 부분을 본문 내용을 통해 찾아본다. 따라서 지원자는 사업화 과제 개요(요약)가 심사위원이 가장 유심히 살펴보는 부분이란 점을 유념하여 내용 작성에 되도록 심혈을 기울여야 한다.

아이템 개요는 내 사업을 가장 명확히 설명하기 위한 장표이므로 필요한 경우 페이지를 늘려서 써도 무방하다.

☐ **창업아이템 개요(요약)**

창업아이템 소개	※ 핵심기능, 소비자층, 사용처 등 주요 내용을 중심으로 간략히 기재	
창업아이템의 차별성	※ 창업아이템의 현재 개발단계를 포함하여 기재 예) 아이디어, 시제품 제작 중, 프로토타입 개발 완료 등	
국내외 목표시장	※ 국내 외 목표시장, 판매 전략 등을 간략히 기재	
이미지	※ 아이템의 특징을 나타낼 수 있는 참고 사진(이미지) 또는 설계도 삽입 < 사진(이미지) 또는 설계도 제목 >	※ 아이템의 특징을 나타낼 수 있는 참고 사진(이미지) 또는 설계도 삽입 < 사진(이미지) 또는 설계도 제목 >

그림 18 | 개요(요약) 작성 양식

(4) 문제인식(Problem) 작성

일반현황과 사업화 과제 개요를 완성했다면 이제 본격적으로 PSST 항목에 맞춰 사업내용을 작성할 차례이다. 먼저 문제인식(P) 항목은 '제품·서비스 개발동기'와 '제품·서비스의 목적'의 두 부분으로 구성된다.

'제품·서비스 개발동기'에는 현재 해당 산업과 분야가 겪고 있는 문제 상황을 분석하여 2~3가지 내용을 기재하되, 해당 문제가 얼마나 심각한지, 그리고 해결할 가치가 있는 것인지에 대해 상세하게 설명해야 한다. 내용을 기입할 시 해당 분야의 당사자들이 겪고 있는 어려움을 객관적이고 구체적인 사례 및 조사 결과 등을 토대로 보여주는 것이 중요하다.

'제품·서비스의 목적'에는 '제품·서비스 개발동기'에서 도출한 문제점을 해결할 방안을 제시한다. 여기에 작성하는 해결방안이 바로 이 사업을 통해 내가 개발하려는 제품이나 서비스가 되는 것이다. 이 장표에서는 대략적인 제품 형태나 개괄적 서비스 정도만 설명하고, 세부적인 개발 내용이나 적용 기술 등은 다음 항목인 '실현가능성'에 구체적으로 작성하면 된다.

1. 문제인식 (Problem)

1-1. 창업아이템의 개발동기

※ 국내·외 시장(사회·경제·기술)의 문제점을 혁신적으로 해결하기 위한 방안 등을 기재

1-2 창업아이템의 목적(필요성)

※ 창업아이템의 구현하고자 하는 목적, 국내·외 시장(사회·경제·기술)의 문제점을 혁신적으로 해결하기 위한 방안 등을 기재

그림 19 | 문제인식(P) 작성 양식

(5) 실현가능성(Solution) 작성

다음은 실현가능성(S) 항목이다. 실현가능성에는 내가 사업화를 하려는 제품이나 서비스를 개발하기 위한 전략과 사업을 성공시키기 위해 어떤 경쟁력을 갖추고 있는지를 설명하면 된다.

이 항목에서 창업자는 핵심 기능 및 차별성 등 제품이나 서비스에서 특별히 강조해야 할 부분을 기술적으로 제시할 수 있어야 하며, 상세하게 적되 창업자가 해당 아이템으로 얼마나 많은 준비를 했는지를 보여주어야 하므로 최대한 이해하기 쉽도록 도표나 그림 등을 활용하는 것이 좋다. 사업화 구현 정도나 추진 일정 로드맵은 되도록 과거, 현재, 미래로 나누어 정량적으로 표현해주려는 노력이 필요하며, 일정별·단계별로 구체적인 내용을 적는 것이 심사자들이 사업추진 계획을 파악하는데 수월하다.

비즈니스 모델(BM)을 작성할 때도 심사자들이 '아! 이러한 형

태로 이해 관계자가 형성되고, 이렇게 수익화가 되는구나!'라고 느낄 수 있는 부분이 한눈에 보이도록 최대한 노력해야 한다. 따라서 글로만 설명하는 것보다는 도식화된 형태로 화살표 등의 기호를 통해 관계성을 표현하는 것이 효과적이며, 누가 보아도 이해하기 쉽도록 화살표의 방향도 명확히 설정하는 것이 좋다.

또한 경쟁사 및 비교우위 부분에서는 타제품이나 서비스와 비교하여 우리 제품과 서비스가 갖는 우수성을 기재해야 하며, 사업적 측면이나 기술적 측면 등 어떤 부분에서든지 차별성이 보여질 수 있도록 하여 시장의 경쟁사들과 다르다는 것을 잘 보여주도록 해야 한다.

2. 실현가능성 (Solution)

2-1. 창업아이템의 개발·사업화 전략

※ 비즈니스 모델(BM), 제품(서비스) 구현정도, 제작 소요기간 및 제작방법(자체, 외주), 추진일정 등을 기재

< 사 업 추 진 일 정 >

추진내용	추진기간	세부내용
제품보완, 신제품 출시	2019.0.0. ~ 2019.0.0.	OO 기능 보완, 신제품 출시
홈페이지 제작	2019.0.0. ~ 2019.0.0.	홍보용 홈페이지 제작
글로벌 진출	2019.0.0. ~ 2019.0.0.	베트남 OO업체 계약체결
투자유치 등	2019.0.0. ~ 2019.0.0.	VC, AC 등
...		

2-2. 창업아이템의 시장분석 및 경쟁력 확보방안

※ 기능·효용·성분·디자인·스타일 등의 측면에서 현재 시장에서의 대체재(경쟁사) 대비 우위요소,
  차별화 전략 등을 기재

그림 20 | 실현가능성(S) 작성 양식

(6) 성장전략(Scale-Up) 작성

성장전략(S) 항목은 크게 사업 영위를 위해 필요한 자금의 구체적인 내역을 작성하는 '자금소요 및 조달계획'과, 시장진입 전략을 설명하는 '시장진입 및 성과창출 전략'의 두 파트로 구성된다.

① 자금소요 및 조달계획

먼저 '자금소요 및 조달계획'에서는 내 사업을 1년간 영위하기 위해 얼마의 운전자금이나 시설자금이 필요한지, 그리고 그 비용을 어디서 얼마나 끌어올지에 대해 간략하게 정리해 주면 된다. 사업비를 세부적으로 활용하는 계획은 지원사업 계획서 양식에 있는 표를 그대로 활용해 작성해야 한다.

• 이번 정부 지원사업을 통해 얼마를 요청하려 하고, 해당 금액 내에서 어떤 비목들을 산정하고 있으며, 산출 근거와 금액은 어떻게 구성했는지 등 사업의 세부적인 부분까지 세밀하게 작성하여 심사자들로 하여금 신뢰감이 생기도록 해야 한다.
• 산출 근거를 작성할 때는 사용처와 함께 구체적인 산출식 등을 기재하여 비목별 금액을 어떻게 편성했는지를 설명해 주면 좋다.
• 합계금액은 가급적 최대 지원금액에 가깝게 맞추는 것이 좋은데, 통상 사업에 선정이 되면 전체 사업예산 중 일부는 조정 또는 삭감되기 때문이다.

표 작성 기준은 사업 공고 문서에 비목별로 상세히 나와 있으니 이를 참고하면 된다.

② 시장진입 및 성과창출 전략

'시장진입 및 성과창출 전략'은 국내외 목표 시장과 시장진입 전략을 작성하는 부분이다. 우리 사업이 목표하는 시장규모가 얼마나 되는지를 논리적이고 객관적으로 추정하는 것인데, 예비창업 단계에서 처음 사업계획서를 써야 하는 경우 이러한 시장규모 부분을 작성하기는 쉽지 않다. 일반적으로 시장규모는 TAM, SAM, SOM 등으로 표현한다.

- TAM(Total Addressable Market)은 전체시장으로써 창업 아이디어가 속하는 비즈니스 모델의 바로 전 단계 상위 시장을 말한다. 이 최상위시장은 인터넷에서 검색하면 비교적 쉽게 찾을 수 있으며, 뉴스나 관련 산업 동향 보고서 등에서도 그 규모를 확인할 수 있다.
- SAM(Serviceable Available Market)은 유효시장을 의미한다. 유효시장은 우리의 제품이나 서비스로 매출이 발생할 수 있는 최대시장이다.
- SOM(Serviceable Obtainable Market)은 수익 목표 시장을 나타내는 것으로, 유효시장 내에서 나의 사업 아이템으로 실제 매출이 발생하는 시장을 의미한다.

사업 아이템별로 다를 수는 있겠으나 보통은 국내시장 정도만 객관적 자료를 근거로 시장을 분석해주어도 충분하며, 세계시장 규모까지 제시해주고자 한다면 가능한 추정치 수준을 파악해 보여주면 된다.

시장진입 전략은 내수 및 해외 시장 공략 방안을 구분하여 작성해야 하는데, 내수시장은 우리의 제품이나 서비스 제작이 완료된 시점에서 초기 목표 시장을 명확히 지정하여 어떻게 목표 시장 고객들을 확보할 것인지에 대해 설명해 주어야 한다. 또한, 당장은 해외 시장진입 계획이 없을지라도 거시적인 관점에서 향후에 진행할 해외 시장 공략을 위한 전략을 보여주어야 한다. 심사자들 역시 내수시장을 공략하는 것만으로도 쉬운 일이 아니라는 것을 당연히 알고 있다. 그렇지만 해외 시장을 개척하겠다는 목표를 설정함으로써 내 사업의 가능성을 더욱 크게 인식하도록 하여 높은 점수를 획득할 수 있다는 점을 명심하도록 하자.

3. 성장전략 (Scale-up)

3-1. 자금소요 및 조달계획

> ※ 자금의 필요성, 금액의 적정성 여부를 판단할 수 있도록 사업비 사용계획 등을 기재
> ※ 2019년 예비창업패키지 세부 관리기준 [별표 4] 창업기업 사업비 집행기준, [별표 6] 창업기업 사업비
> 집행 유의사항 등을 참고하여 작성(사업비 세부 집행기준은 최종통과자를 대상으로 별도 안내)

< 사업화자금 집행계획 >

비 목	산출근거	금액(원)
재료비	• DMD소켓 구입(00개×0000원)	3,448,000
	• 전원IC류 구입(00개×000원)	7,652,000
시제품제작비	• 시금형제작 외주용역(OOO제품 .... 플라스틱금형제작)	
지급수수료	• 국내 OOO전시회 참가비(부스임차, 집기류 임차 등 포함)	
...		
...		
...		
...		
합 계		

> ※ 요청한 사업화자금은 사업아이템에 따른 금액의 적정성 여부에 대한 평가를 통해
> 감액 조정될 수 있음(평균 45백만원 지원)

3-2. 시장진입 및 성과창출 전략

3-2-1. 내수시장 확보 방안

> ※ 내수시장을 중심으로 주 소비자층, 주 타겟시장, 진출시기, 시장진출 및 판매 전략, 그간 성과 등을
> 구체적으로 기재

3-2-2. 해외시장 진출 방안

> ※ 해외시장을 중심으로 주 소비자층, 주 타겟시장, 진출시기, 시장진출 및 판매 전략, 그간 성과 등을
> 구체적으로 기재

그림 21 | 성장전략(S) 작성 양식

(7) 팀 구성(Team) 작성

가장 마지막 항목은 팀 구성(T)이다. 앞서 2장의 기업가정신 관련 부분에서 이미 설명한 바와 같이, 창업과 사업도 결국 사람이 하는 것이기에 심사자들은 대표자의 역량과 팀원 구성을 중요한 성공 가늠자로 보고 있다. 따라서 창업자가 사업과 관련하여 과거에 어떠한 경험을 했으며 무슨 공부를 해왔는지 등이 잘 드러나도록 기재하는 것이 중요하다. 물론 관련 경험과 지식이 많을수록 더 좋은 평가를 받을 수 있다. 특히, 창업자가 이전에 직장 또는 학교생활 등을 통해 현재의 사업 아이템과 관련된 직무나 경험을 했다면 심사자들은 더욱 해당 창업자가 창업에 대해 진지한 태도를 갖추고 있다고 생각할 수 있을 것이다.

'추가인력 고용계획'에는 현재 조직 내 보완이 필요한 분야를 소화할 팀원에 대한 고용 계획을 기재하면 된다. 특히, 정부 지원 사업에서 고용 창출은 매우 중요한 평가 요소로 작용하기 때문에 현재 당장 팀원 충원이 어렵더라도 사업 기간 내에 반드시 추가 고용이 이루어질 것임을 강조해야 한다.

'업무파트너 협력기업 현황' 부분도 가급적 있는 대로 많이 써 주는 것이 좋다. 예비 초기 창업자의 경우 업무파트너나 거래처가 많지는 않겠지만, 그동안 사업을 준비하면서 만났을 다양한 기업이나 관련 모임 등을 통해 사업적인 만남을 가졌을 경우 이를 최대한 활용하여 작성해야 한다. 내 사업을 도울 파트너사를 많이 확보하는 것은 비즈니스에서 반드시 필요한 일이며, 언젠가

는 그 만남이 내 사업에 시너지를 일으킬 수 있는 부분으로 작용
할 것이다. 많은 씨를 뿌리면 언젠가는 수확의 시기가 다가온다
는 것을 명심할 필요가 있다.

4. 팀 구성 (Team)

4-1. 대표자 및 팀원의 보유역량

○ **대표자 현황 및 역량**

※ 창업아이템과 관련하여 대표자가 보유하고 있는 이력, 역량 등을 기재

-

○ **팀원현황 및 역량**

※ 사업 추진에 따른 팀원현황 및 역량을 기재

순번	직급	성명	주요 담당업무	경력 및 학력 등	채용시기
1	과장	○○○	S/W 개발	컴퓨터공학 박사	'19. 9
2	대리		해외 영업 (베트남, 인도)	○○기업 해외영업 경력 8년	
3	...		R&D	○○연구원 경력 10년	

○ **추가 인력 고용계획**

순번	주요 담당업무	요구되는 경력 및 학력 등	채용시기
1	S/W 개발	IT분야 전공 학사 이상	'19. 11
2	해외 영업(베트남, 인도네시아)	글로벌 업무를 위해 영어회화가 능통한 자	
3	R&D	기계분야 전공 석사 이상	

○ **업무파트너(협력기업 등) 현황 및 역량**

※ 창업아이템 개발에 필요한 협력사의 주요역량 및 협력사항 등을 기재

순번	파트너명	주요역량	주요 협력사항	비고
1	○○전자		테스트 장비 지원	~'19.12
2	...			협력 예정

그림 22 | 팀 구성(T) 작성 양식

(8) 증빙서류 제출목록 살펴보기

정부 지원 표준사업계획서의 필수 항목들이 완성되었다면, 그 뒤는 각종 증빙자료와 가점 자료를 제출하는 부분이라고 보면 된다. 사업계획서상에서 미처 다 보여주지 못했던 특허출원서, 입상실적, 제품도면, 시스템구성도, 서비스화면, MOU 증서 등 이 사업을 위해 창업자가 얼마나 노력하고 활동하였는가를 보여주는 것이 좋다. 해당 자료들이 실제로 가점에 기여하는지는 지원사업별로 다를 수 있지만, 이를 통해 심사자들이 창업자의 기본 자세나 태도 등 정성적인 판단을 하는 데 긍정적인 영향을 줄 수 있다.

별 첨　증빙서류 제출목록 안내

※ '기타 참고자료'와 '가점관련 증빙서류'는 신청시 제출하여야 하며,
   '공통서류'와 '창업사실 확인서류'는 서류평가 통과자에 한하여 주관기관 안내에 따라 제출

구 분	목　록	비고
기타 참고자료	본인의 아이템을 설명하기 위해 필요한 도면, 설계도 등	신청시 제출

가점관련
증빙서류
	• 2인 이상(대표자 포함) 의 기술기반 예비창업팀 (2점)
	  - 가점 증빙서류 (1) 양식의 '예비창업패키지 팀창업 신청서'를 작성하여 제출
	
	• 신청한 창업아이템과 관련된 특허권·실용신안권 보유자 (1점)
	  - 특허등록원부, 실용신안등록원부
	  * 공고일(2019.7.3.) 이후 발급분에 한함
	
	• 최근 2년('17~현재) 정부 주관 전국규모 창업경진대회 수상자(1점)
	  - '2019년 예비창업패키지 4차 산업혁명 2차·관광분야 2차 예비창업자 모집공고
	    (2019.7.3.)' [참고 1] 정부주관 창업경진대회 목록(10p)에 해당하는 입상실적
	    증명원 또는 상장사본
		신청시
		제출

공통서류	• 대표자 신분증 사본(주민등록증·운전면허증·여권 중 1개) * 학생증 불가	서류평가 통과시 제출

창업사실
확인서류
	• 사실증명(사업자등록사실여부)
	  - 공고일 이후 발급서류
	  - 주소지 관할세무서 민원실에 방문하여, '사업증명(사업자등록사실여부, 5년
	    이전증명 포함)'을 발급	

* 본 사업계획서 작성 내용과 증빙자료 상의 상이한 부분이 발견되거나 누락 또는 허위 기재
  등의 사실이 확인될 경우 선정 취소, 중기부 창업지원사업 참여제한 및 사업화자금 환수
  등의 불이익이 발생할 수 있음

그림 23 | 증빙서류 제출 목록(예시)

3) 한국관광공사 지원 표준사업계획서: 관광벤처사업공모전, 관광혁신바우처지원사업

(1) 관광벤처사업공모전

문화체육관광부와 한국관광공사는 국내 관광산업 경쟁력을 강화하고 일자리 창출과 4차 산업혁명에 맞는 다양한 기술이 접목된 참신한 아이템을 발굴하기 위해 2011년부터 매년 관광벤처사업공모전을 개최하고 있다. 관광벤처사업공모전은 예비관광벤처, 초기관광벤처, 성장관광벤처의 세 부문으로 나누어 선발하게 되며 체험콘텐츠형, 기술혁신형, 시설기반형 및 기타형 중 창업자가 자신의 사업 아이템에 해당되는 유형을 선택하여 신청할 수 있다.

참가부문	참가자격
예비관광벤처	- 관광과 관련한 창의적인 창업 아이템을 계획 중인 예비(재)창업자로 사업 공고일기준 사업자 등록이 없는 자로서 다음 각 호에 해당하는 자 ① 창업경험이 없는 자로 공고일기준 사업체(개인, 법인)를 보유하고 있지 않은 자 ② 창업경험이 있으나 폐업한 자로 예비창업자 인정범위에 충족하는 자
초기관광벤처	- 창업 3년 미만(사업자등록증상 업태 및 업종 불문)인 개인사업자 또는 중소기업기본법 제2조에 따른 중소기업으로 관광과 관련한 창의적이고 지속가능한 사업을 영위하고 있거나 계획 중인 자
성장관광벤처	- 중소기업기본법 제2조에 따른 중소기업을 영위하며, 사업 공고일 기준으로 다음의 조건을 모두 충족하는 자(①, ②, ③) ① 관광과 관련한 창의적인 사업 아이템(상품, 서비스 등)을 보유: 해당 아이템의 매출실적(100만원 이상)을 관련증빙서류(거래명세서, 전자계산서 등)를 통해 증명 가능해야 함 ② ①에 해당하는 업력을 3년 초과 7년 이내 보유한 개인 또는 법인 ③ 전년도 결산서 기준 매출액 1천만원 이상 또는 엔젤 및 기관 투자유치금액이 5천만원 이상인 기업

표 4 | 관광벤처사업 개요

한국관광공사의 창업지원 사업계획서도 창업진흥원의 사업계획서와 구성 항목이 비슷하다. 또한 관광벤처사업 예비·초기·성장 부문의 사업계획서 양식 역시 유사하게 구성되어있기 때문에, 작성의 핵심은 자신이 하려는 사업을 잘 '스토리텔링'해서 성공 가능성을 심사자들에게 보여주는 것이다.

대표적으로 초기 관광벤처 사업계획서 양식을 살펴보도록
하자.

참가부문	참가자격
요약	• 제품 및 서비스 소개 • 제품 및 서비스 차별성 • 국내외 목표 시장 • 관련 이미지
1. 사업의 개요 　(2장 이내)	• 사업의 명칭 • 개요 - 창업 및 신규 아이템 개발 동기 - 핵심콘텐츠 내용(융합성, 혁신성, 차별성 등 포함) - 보유기술이나 특별 기능 및 기법 보유사항
2. 시장 및 사업모델 　(2장 이내)	• 시장현황 - 해당 사업과 관련한 시장 현황 및 향후 전망을 제시 • 목표고객 - 목표로 하는 고객층을 설명 • 사업모델(BM) - 사업을 통한 수익창출 방법을 도식화하고 　경쟁력을 설명
3. 사업화 전략 　(3장 이내)	• 목적, 인력 및 조직 운영계획 - 사업 운영 목적, 방침 등의 경영원칙을 간략히 제시 - 조직 및 인력 구성 방안, 현재 보유중인 역량(전문기술, 　경력, 네트워크 등)의 활용방안과 부족한 역량에 대한 　극복방안 및 창업준비 계획을 서술 • 상품 및 서비스, 인프라(시설, IT플랫폼 등) 개발 계획 • 홍보 및 판로개척 - 구체적인 방법 및 일정을 포함하여 작성 • 재무계획 - 소요금액, 자금조달 계획(자기자금, 차입, 관광공사 지원금 　등)을 서술, 관광공사 지원금과 자부담(의무집행)의 　활용계획을 명확히 제시 • 일정계획 - 사업화 전략을 수행하는 전반적인 일정계획 제시

참가부문	참가자격
4. 사업의 지속가능성 (2장 이내)	• 사업의 지속가능성(예상매출, 손익추정) - 최근 2년간의 실적과 사업화 이후 4년간의 예상 매출 및 수익(매출 추정근거를 상세히 기술) - 손익추정: 손익분기점 달성 시점을 제시 • 잠재리스크 및 대응 방안 - 사업화 및 사업운영과정에서 예상되는 잠재리스크를 제시하고 이에 대한 대응방안을 서술 • 이해관계자 요구사항 대응 방안 - 사업화 및 사업운영과 관련된 이해관계자(지역주민, 허가 및 지원 등의 관련 관청, 지역사회 및 언론 등)의 잠재적인 니즈 및 기대와 대응방안을 서술
5. 관광산업 연관성 (1장 이내)	• 관광산업 및 시장에 대한 이해 - 사업과 관련한 관광산업 및 시장 현황에 대해 기술 • 사업 아이템과 관광산업과의 연관성 - 사업 아이템과 관광산업과의 연관성이 어떠한지 기술하고 관광산업 발전에 어떻게 기여할 수 있는지 설명
6. 리더십 (2장 이내)	• 사업자의 전문성 - 사업 대표자의 사업 분야에 대한 경험 및 경력, 전문지식, 기술역량 등 전문성 설명 • 사업운영 능력 - 사업화 및 사업운영 능력을 제시하고 사업화 의지, 도전정신 및 장애 극복 능력, 경험 등을 설명

표 5 | 초기관광벤처 사업계획서 양식

해당 양식에서 보는 바와 같이 작성 항목 대부분이 창업지원, 사업화지원 표준사업계획서의 구성 항목들과 대동소이하다. 다만, 관광벤처사업 공모 사업계획서의 경우 '관광산업과의 연관성' 및 '리더십'에 대해 조금 더 구체적이고 상세한 설명을 요구하고 있다. 이는 관광 분야에 특화된 창업기업을 선정하는 사업인 만

큰 창업자의 관광산업과 시장에 대한 이해도가 어느 정도인지를 가늠하려는 의도로 볼 수 있다. 또한 리더십 항목을 통해 창업자의 해당 분야 경험 수준과 역량을 판단하고자 하는 것으로도 보여진다. 따라서 사업계획서 작성 시 관광산업 및 시장에 대한 충분한 학습과 이해를 바탕으로 사업 아이템과의 연관성을 구체적으로 제시할 수 있어야 하며, 해당 분야에 대한 창업자의 전문성을 강조하여 관광산업 발전에 기여할 수 있는 자질을 갖추었음을 설명할 수 있어야 한다.

(2) 관광기업 혁신바우처 지원사업

앞서 살펴본 정부 지원사업 표준사업계획서나 한국관광공사의 관광벤처공모전이 주로 창업지원에서 초기 스타트업을 위한 사업화 지원이 목적이었다면, 이와는 조금 다른 방식으로 관광기업을 지원하는 제도가 바로 혁신바우처 사업이다. 관광기업 혁신바우처 지원사업은 수혜기업인 관광기업을 대상으로 관광 분야에 특화된 다양한 서비스를 서비스 제공기업을 통해 바우처 형태로 제공하여 중소기업의 성장기반을 구축하고 혁신 활동 기반의 중견기업으로 성장하도록 지원하는 사업이다. 관광기업 혁신바우처는 수혜기업이 공모 참여 시 작성한 신청서상 선택 서비스를 기준으로 관광혁신 바우처 서비스를 자율적으로 선택하여 지원받을 수 있는 금액을 말하며, 지원 규모에 따라 대형·중형·소형 바우처로 구분된다.

참가부문	참가자격
(A그룹) 대형·중형 바우처	- 수혜기업 선정 발표심사 결과 순위에 따라 상위 20개 　사에 대형 바우처, 그다음 20개사에 중형 바우처 지급 - 기업당 지원금은 대형 1억 원, 중형 5천만 원이며, 　기술 요소와 관광 요소의 융복합을 통한 　혁신적 스마트 관광사업 발굴 및 육성을 위해 　바우처 사용계획에 근거하여 기업별 최대 3건 이내 　서비스 메뉴 조합 구성으로 바우처 총액을 사용 ※ 대형 바우처 사용 예시 ① 단일 메뉴 사용: 서비스 메뉴 중 1억 원의 단일 메뉴를 　선택하여 바우처 총액 사용 ② 메뉴 조합 사용: 서비스 메뉴 중 8천만 원의 메뉴와 　2천만 원의 메뉴를 조합하여 바우처 총액 사용
(B그룹) 소형 바우처	- 기업당 지원금은 2천만 원이며, 시급한 현안 해결을 　위해 바우처 사용계획에 근거하여 기업별 최대 2건 　이내 서비스 메뉴조합 구성으로 바우처 총액을 사용 ※ 소형 바우처 사용 예시 ① 단일 메뉴 사용: 서비스 메뉴 중 　2천만 원의 단일 메뉴를 선택하여 바우처 총액 사용 ② 메뉴 조합 사용: 서비스 메뉴 중 　1천 5백만 원의 메뉴와 5백만 원의 메뉴를 조합하여 　바우처 총액 사용

표 6 | 관광기업 혁신바우처 지원사업 참가 부문

분야	프로그램	관광 혁신 바우처 서비스
관광 특화 혁신 지원	관광혁신 서비스 개발	• 관광상품/서비스 기획 - 관광 부문 상품·서비스·비즈니스 모델 기획 및 개발, 기존 비즈니스 모델 진단, FIT 여행 상품 개발 등
		• 관광산업 특화 리서치 - 인바운드, 아웃바운드, 인트라바운드 관점에서의 관광산업 동향 및 동종 업계 관련 시장 조사, 빅데이터 기반 여행자 동향조사(소비지출, 이동동선, 상권분석) 등
	관광혁신 서비스 구현	• 스마트 기반기술 도입 - 실감형(VR/AR) 콘텐츠 제작, AICBM 기술 구현, 챗봇 도입 및 여행 상품 큐레이션 기능 개발 등
		• UX 고도화 - 모바일 애플리케이션 개발, 홈페이지 UI/UX 고도화, 모바일/O2O 플랫폼 구축, 반응형 웹사이트 구축 및 솔루션 개발 등
컨설팅 및 자문	비즈니스 컨설팅	• 경영 컨설팅 - 인사조직, 경영체계, 구조개선 등의 경영 개선 진단, 사업전략수립 및 비즈니스 모델 구축 자문 등
		• 기타 전문 서비스 - 세무, 재무, 노무, 법률 관련 전문 자문 서비스
	디지털 역량 강화	• 디지털 역량 진단 및 정보화 전략 계획 수립 - 기업 디지털 역량 및 정보기술환경 분석과 진단, 개선 APP의 QA Test, MICE 온라인 컨설팅 등
		• 서버 및 개발환경 구축 - 클라우드 기반 SW 개발환경(PaaS, IaaS) 구축, 관광기업 SW 개발을 위한 ICT 환경 구축, 관광 빅데이터 시스템 구축 등

분야	프로그램	관광 혁신 바우처 서비스

컨설팅
및 자문
	디지털 역량 강화	• ICT 솔루션 도입
		- ERP/CRM/Analytics 등 솔루션 도입 및
		  커스터마이징, SaaS-based ICT 솔루션
		  도입 등

마케팅	홍보/마케팅/광고	• 마케팅 전략 수립
		- 마케팅 콘텐츠 전략, 채널 믹스 전략, SEO
		  마케팅 전략, 디지털/크리에이티브 마케팅
		  전략 수립, SNS마케팅 방안 수립 등

		• 홍보 지원
		- 광고콘텐츠 제작, 국내외 마케팅/홍보/
		  광고 집행, 유튜브 영상 제작,
		  기업 카달로그 및 홈페이지 제작,
		  라이브 커머스 활용 등

	디자인 개발	• 브랜딩 - 브랜딩, 네이밍, 브랜드 콘셉트 도출, 기업 맞춤형 BI/CI 개발 및 고도화 등

		• 디자인/콘텐츠 제작
		- 상품디자인, 오프라인 홍보물,
		  모션그래픽 영상, App/Web UI,
		  SNS콘텐츠 제작, 패키지 디자인,
		  3D 모션그래픽 영상 제작 등

표 7 | 관광기업 혁신바우처 지원사업 서비스

혁신바우처 서비스 사업계획서는 A그룹(대형·중형바우처)과 B 그룹(소형바우처)의 양식이 다르게 구성되어있다. 2021년도 사업을 기준으로 A그룹은 별첨으로 제공되는 PPT양식을 활용하여 사업수행계획서를 작성하도록(회사소개서 추가 첨부) 되어있으며, B 그룹의 경우 제공되는 별지 서식을 활용해 사업수행계획서를 작성하면 된다.

구분	내용
기본 정보	• 수혜기업명 • 현재 사업모델 - 수혜기업이 추진하고 있는 사업 현황 (핵심기술, 타겟고객, 수익모델, 관광 연관성 등) - 현재 사업모델의 개발 단계

사업 개요	• 사업 목표
	- 신규 개발 및 개선하고자 하는 최종적인 사업 목표 기재
	- 바우처사업 기간 내 달성할 수 없는 장기적인 사업 목표의
	  경우, 바우처사업 기간 내 달성하고자 하는 사업
	  중간목표에 대하여 별도 기재
	- 사업 목표 기술시, 스마트관광 5대 요소와의 연계성
	  또는 기존 대비 비즈니스 프로세스의 혁신 정도를
	  객관적으로 판단할 수 있도록 근거 등을 들어 기술

사업추진
계획 및 방법
	• 사업 추진전략
	- 사업 목표를 달성하기 위한 추진전략 기술
	- 내부 또는 외부의 가용자원을 활용, 목표하는 사업모델을
	  성공적으로 달성하기 위한 전략을 핵심 내용 위주로 기재
	- 바우처사업 기간 내 달성 가능 여부를 강조하여 기술
	• 필요 지원 서비스
	- 지원받고자 하는 바우처사업 서비스 메뉴 기재
	- 위 기술된 사업 추진전략 수행을 위하여, 아웃소싱이
	  필요한 미보유 자원 또는 개선이 필요한 보유 자원을
	  바우처사업 서비스 메뉴의 필요성에 입각하여 기술

구분	내용
기대 효과	• 기대 효과 - 수혜기업 관점에서 바우처사업 서비스 이용을 통해 기대하는 정성적 및 정량적 효과 (예 - 정성적 효과: 기업·브랜드 인지도 확대, 사업모델 내실화 등 / 정량적 효과: 매출 00% 증대, 신규고용 0명 등) - 앞서 기술한 사업목표 달성 시, 기업 및 관광산업 관점에서 거시적으로 기대할 수 있는 정성적 효과 (관광산업 파급효과) • 사업 활성화 및 홍보 방안 - 바우처사업의 효과 증대를 위해 제공서비스 활용 외에 병행 가능한 사업의 대외 홍보 방안 등 기재 - 사업 목표 달성을 위한 현재까지의 추진 경과, 사업의 우수성 등에 대한 온/오프라인 홍보 방안 중심 기재
사업종료 후 사업 운영계획	- 바우처사업 종료 후 사업 목표의 재설정 및 고도화 계획 기재 - 관광산업 내 비즈니스 모델의 정립, 확대 계획 기재 - 바우처사업 종료 후 최소 1년 이상의 향후 계획 기재
관광 혁신바우처 활용계획	• 관광 혁신바우처 활용계획 - 신청 서비스 메뉴명(최대 2개 이내 작성) - 이용 기간 - 단계별 이용 계획 - 서비스 결과물 활용계획
사업수행인력 구성	• 대표자 역량 - 대표자가 보유하고 있는 관광산업 부문 역량 기재 (전공, 경력 등) - 관광산업에 대한 이해도 및 전문성을 판단할 수 있는 보유역량을 상세히 기재 • 참여 인력 현황 및 역량 - 사업에 참여 예정인 인력 현황 및 전문분야 - 사업 참여 인력이 미정인 경우, 사업총괄책임자 포함 핵심 인력 2인에 대하여 기재 - 위에서 기술한 "관광 혁신바우처 활용계획"과 연계한 참여 인력 운용계획을 상세히 기재

표 8 | 혁신바우처 서비스 사업계획서 양식(소형바우처)

혁신바우처 사업은 대개 5월~12월까지 수행되며, 이 중 우수한 수행 기업들을 다시 선발하여 연말에 혁신경진대회를 개최하게 된다. 혁신경진대회는 혁신바우처 지원사업에 선정된 수혜기업과 제공기업이 한 팀을 이루어 참가하게 되는데, 이 때도 마찬가지로 대회에 지원하기 위해서는 사업계획서를 작성해 1차 평가를 받아야 한다. 1차 평가는 전문평가단이 사업의 창의성, 사업성과지표$^{Key\ Performance\ Indicator,\ KPI}$의 적절성, 사업의 확장성 및 파급효과 등을 평가하게 되므로 해당 항목을 중심으로 사업계획서를 구성하여야 한다.

04

관광스타트업을 위한
지원사업 정리

앞서 사례로 제시한 관광벤처사업공모전과 관광
기업 혁신바우처 지원사업 외에도 문화체육관광부와 한국관광공사
에서는 관광크라우드펀딩, 관광엑셀러레이팅, 관광플러스팁스, 글로
벌챌린지 프로그램, 관광창업아카데미, 관광기업지원센터 입주지원
등과 같은 지원사업과 관련 행사를 주최 및 운영하고 있다. 이 밖에도
중소벤처기업부 등의 중앙정부부처를 비롯한 각 지방정부에서도 매
년 다양한 지원사업을 추진하고 있다.

다음의 표는 관광 분야 스타트업이 지원할 수 있는 주요 지원사업
을 정리한 것이다. 지원대상, 지원내용 및 사업공고 일정 등을 확인하
여 독자들의 사업에 참고하기를 바란다.

기관	사업명	지원대상	지원내용	사업 공고
문화체육 관광부 (한국 관광공사)	관광벤처사업 공모전	- 예비관광벤처 - 초기관광벤처 - 성장관광벤처	- 사업화지원금 (사업자당 3천~9천만 원) - 홍보 및 판로개척 - 투자유치지원	2월
	관광 액셀러레이팅	- 창업일로부터 3년 이내 초기 관광스타트업	- 사업화자금 5천만 원 - AC연계 밸류업 프로그램 - AC직접투자기 회 제공	3~4월
	관광플러스 팁스	- 중소벤처기업 부 팁스(TIPS) 에 선정된 기업	- 자업화자금 최대 4억 원 - 중간평 및 후속 지원	상반기
	글로벌챌린지 프로그램	- 매출액 규모 5억 원 이상 - 수출액 10만 달러 이상 - 상시근로자 10인 이상 - 최근 3개년 투자유치 10억 원 이상	- 해외진출기반 마련 - 글로벌 사업확 장을 위한 자금 - 글로벌 특화 AC 연계 프로그램	3~4월
	관광기업 혁신바우처	- 중소기업으로 관광관련 사업체	- 중대형(중형 5천 만 원/대형 1억 원) - 소형(2천만 원)	4월

기관	사업명	지원대상	지원내용	사업 공고
문화체육 관광부 (한국 관광공사)	관광 크라우드펀딩	- 관광분야 기창업자 또는 예비창업자	- 일반크라우드 펀딩(증권형, 후원형) - 공사/와디즈크 라우드펀딩 (후원형)	7월
창업 진흥원 (한국관광 공사)	예비창업 패키지 (스마트관광)	- 사업공고일까 지 창업 경험 이 없는 자 (사업자등록증 미소지자)	- 사업화 자금 - 역량강화 - 판로개척	2~3월
중소벤처 기업부	청년창업사관 학교	- 만39세 이하 - 창업 후 3년 이내 - 창업기업 대표	- 창업공간 - 창업교육 - 사업비 - 기술연계지원	1~2월
	초기창업 패키지	- 창업 3년 이내 기업	- 사업화자금 최대 1억 원 - 주관기관별 특화프로그램	2~3월
	창업도약 패키지	- 창업 3년 이상 7년 이내	- 사업화자금 최대 3억 원	2~3월
	팁스(TIPS)	- 프리팁스 (3년 미만 2인 이상 초기창업기 업으로 접수마감 기준 1년 이내 투자자로부터 1천만 원 이상 유치) - 팁스(7년 미만 2 인 이상)	- 프리팁스(1년간 최대 1억 원) - 팁스(팁스운영사 투자금 1~2억 + 정부R&D자금 최대 5억 매칭 + 창업사업화자금 최대 1억 원 + 해외마케팅자금 최대 1억 원)	수시

기관	사업명	지원대상	지원내용	사업공고
중소벤처기업부	팁스(TIPS)	- 포스트팁스 (팁스 최종평가 '성공'기업 중 후속민간투자 10억 이상 유치)	- 포스트팁스 (2년간 최대 5억 원)	수시
중소벤처기업부	창업성장 기술개발	- 디딤돌(R&D첫걸음, 여성창업, 소셜벤처, 재창업) - 전략형(스핀오프, 이노비즈, 기술금융평가우수) - TIPS과제	- 디딤돌 (1년간 1.5억 원 이내) - 전략형 (2년간 4억 원 이내) - TIPS과제 (2년간 5억 원 이내)	1~2월
서울관광재단 (서울시)	서울관광 스타트업공모	- 창업 7년 이내	- 대상 5천만 원 - 최우수상 3천만 원 - 장려상 2천만 원	2월
경기관광공사 (경기도)	경기관광 스타트업공모	- 창업 7년 이내	- 사업비 및 홍보마케팅 지원	2월
한국데이터산업진흥원 (과학기술정보통신부)	데이터바우처 지원사업	- 공급기업 - 수요기업	- 과제당 5천만 원 상당의 데이터 수집 가공 바우처	3월
정보통신산업진흥원 (과학기술정보통신부)	AI바우처 지원사업	- 공급기업 - 수요기업	- 과제당 최대 3억 원 한도	12~1월

표 9 | 관광스타트업 관련 지원사업 목록

위에서 정리한 정부 지원사업 목록에서 보는 바와 같이 대부분의 지원사업이 연초에 공고가 게재된다. 따라서 창업자는 지원사업별 신청 기간을 잘 확인하고 반드시 공고된 일정에 맞춰 사업계획서를 접수해야 한다. 또한 부처별·주관기관별로 매년 조금씩 일정이 변동되기 때문에 수시로 공고를 확인하고 미리 준비할 수 있도록 관심을 가지는 것이 중요하다. 보통 지원사업 준비를 할 생각이라면 전년도 10월이나 11월부터는 차근 차근 준비해나가야 하지만, 다음 년도의 1월에 진행되는 사업에 지원하고 혹시나 탈락하더라도 이어지는 다른 지원사업들을 찾아 계속 신청해볼 수 있다. 간혹 정부에서 추가경정예산(추경)이 편성되어 하반기에 지원사업이 공고되는 일도 있지만, 그때는 관광 분야가 없을 수도 있으니 가능하면 연초에 잘 준비해서 접수하는 것이 핵심이라고 할 수 있다.

대부분의 정부 지원사업 정보나 공고 소식은 'K스타트업 사이트[1]'에서 확인 가능하며 관광벤처사업의 경우 '한국관광공사 홈페이지[2]', 중기부 기술개발사업의 경우 '중소기업기술개발사업 종합관리시스템[3]'에서 확인할 수 있다. 표에서 정리한 지원사업 외에도 최근 지역 관광벤처창업 지원사업은 물론 민간에서도 다양한 지원사업이 쏟아지고 있다.

---

1 https://www.k-startup.go.kr
2 https://kto.visitkorea.or.kr
3 https://smtech.go.kr

　정부 지원사업을 처음 지원하거나 지원을 받기 위해 정보를 찾아볼 때, 어떤 방식으로 어떤 지원사업을 먼저 도전해봐야 할지 막연하고 어렵게 느껴지는 것이 당연하다. 가장 접근이 쉬워 보이는 관광벤처 사업 공모 요강을 아무리 읽어봐도 복잡하게 느껴지고 무엇을 어떻게 적어야 할지 쉽사리 떠오르지 않을 수도 있다. 그래서 처음엔 주변의 도움을 받아야 한다. 이미 정부 지원사업을 몇 번 도전해본 선배들을 찾아 조언을 구하거나 주위의 관련 전문가들에게 자문을 요청하는 것도 방법이 될 수 있다. 저자 역시 스타트업을 처음 시작하던 시기에는 주변의 도움을 많이 요청하기도 했으며, 이들의 도움을 받아 조금씩 창업의 본질에 대해 이해하고 창업 지원제도에 눈을 뜨기 시작했다.

　스타트업은 일반적으로 '예비창업단계 → 창업단계 → 성장초기단계 → 성장단계'를 거치며 성장해간다고 볼 수 있다. 따라서 각 단계에 적합한 정부 지원사업에 적극적으로 도전하여 사업화 자금을 확보하는 것이 이른바 '데스밸리(Death Valley)[1]'를 넘기 위한 중요한 목표 중 하나이다.

　아래 그림은 관광스타트업을 창업하여 성장시키기 위한 지원사업 플랜을 짜본 것이다. 기업마다 주어진 상황과 환경이 다르므로 이 과정이 정석이라고 할 순 없겠지만, 자신이 진행할 사업의 성장단계별 도전 가능한 지원사업 내용을 참고하는 데 도움이 될 수 있을 것이다.

---

[1]　기업이 자금의 부족으로 사업 진행에 난항을 겪는 상황을 뜻한다.

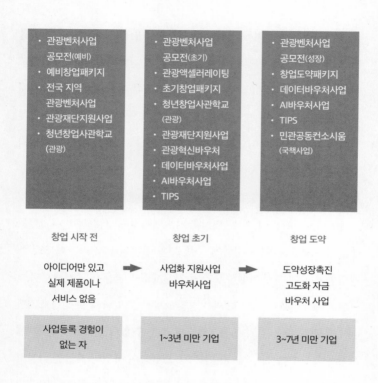

그림 24 | 관광스타트업의 성장단계별 지원사업 플랜

좋은 사업계획서의 공통점은 물 흐르듯 이어지는 사업의 개요, 명확하고 객관적인 정량적 수치의 제시, 개조식個條式 설명, 가독성을 높이는 이미지나 도표의 활용, 두괄식 문장 전개 등으로 요약할 수 있을 것이다. 정부 지원사업이 많아진 것은 사실이지만 아무나 선정해서 줄 수는 없다. 지원사업에 대한 데이터가 쌓일수록 정부에서는 일정한 기준을 통한 공정한 심사에 더욱 큰 노력을 기울일 것이다.

관광벤처사업이나 예비창업패키지 사업에 선정되면 평균 5천만 원 정도를 지원받게 되는데, 사업을 처음 시작하는 개인이나 팀이 이러한 액수를 초기에 확보하기는 쉽지 않은 일이다. 따라서 관광스타트업을 시작하고자 할 때 위험 요소를 최소화하고 경쟁력을 확보하기 위해서는 정부지원금을 마중물로 활용할 수 있어야 하며, 이를 위해 끼워야 할 첫 단추가 바로 좋은 사업계획서를 만드는 것임을 잊지 말자.

CHAPTER 5

관광스타트업의
두 번째 성공 철칙!

~ 투자유치의 신(神) 되기 ~

01

사업자금 조달의 원천은 내 돈 아니면 빌린 돈

　　스타트업이 사업을 시작하여 성공에 이르기까지 필요한 자원과 전략 및 역량은 다양하지만, 사업자금 조달의 성공 여부야말로 각 성장 단계에서의 필수 요소라고 해도 과한 표현이 아니다. '예비창업기 → 창업기 → 도약기 → 성장기'의 단계마다 필요한 자금의 규모와 사용처가 다르고, 성장단계별로 필요한 자금을 투자하는 투자기관 또한 다르다는 것을 이해할 필요가 있다. 각 단계별로 조달 가능한 자금의 원천은 크게 두 가지로 나눌 수 있다. 첫 번째는 '나의 돈', 즉 자본으로 조달하는 방법이며, 두 번째는 '남의 돈', 이른바 부채로 조달하는 방법이다.

　　나의 돈(자본)으로 필요한 사업자금을 조달하기 위해서는, 창업자가 보유하고 있던 자본금 seed money 만으로 사업을 영위할 수 있는 경우가 아니라면 주식 발행을 통해 지분 equity 투자자를 설득하여 자본을 조달해야 한다. 이 때 필수적으로 제시해야 하는 사업계획서의 마지막 장표 deck 에는 회사의 미래를 가장 간결하게 설명할 수 있는 추정 재무현황(추정손익서)을 작성해야 한다. 따라서 스타트업 창업자가 필수적으로 갖추어야 할 역량 중 하나가 바로 재무와 회계에 관한 지식이다.

남의 돈(부채)으로 필요한 사업자금을 조달할 때도 창업자는 사업 자금을 빌려주고 이자를 받는 채권자인 은행, 신용보증기관, 창업지 원 자금 지원기관 등에 본인이 영위하고 있는 사업이 고도화되면 수 익성과 매출 성장 가능성, 고용 창출이 가능하다는 것을 서면으로 작 성하여 제출해야 한다. 이 때 가장 간편하게 요구되는 것이 한 장의 장 표로 전달하는 추정 재무제표이다.

1) 투자받은 자금은 내 돈? 아니면 남의 돈?

(1) 사업자금 조달의 원천은 자본이거나 부채이다

기업이 사업을 영위하기 위해 필요한 자금을 조달하는 방법은 개인이 돈을 벌기 위해 아르바이트를 할 때 필요한 옷을 구매하 는 경우와 유사하다. 따라서 이를 쉽게 이해하기 위해 다음과 같 은 예를 들어보도록 하겠다.

아르바이트를 새롭게 시작하려고 하는 A가 있다. 출근을 위해 집에서 입던 옷보다 새 옷이 필요할 것 같아 사야 할 품목을 작성해 살펴본 A는 반팔 티셔츠, 청바지, 운동화가 필요하고 모두 합쳐 260,000원이 소요된다는 것을 알게 되었다. 그러나 A의 지갑에는 140,000원밖에 없었으므로 추가로 120,000원이 더 필요한 상황이었다. 자금이 모자란다는 이유로 오랜만에 얻게 된 아르바이트 기회를 포기할 수는 없었으므로, A는 누군가(부모님, 친구, 은행 등)에게 돈을 빌리기로 하였다. 이렇게 빌린 돈 120,000원을 갖고 있는 돈과 합쳐서 A는 결국 260,000원을 모두 확보하게 되었으며, 드디어 필요한 물품을 살 수 있게 되었다.

필요한 옷	자금조달원천
셔츠 40,000원	빌린 돈 120,000원
바지 120,000원	내 돈 140,000원
운동화 100,000원	

그림 25 | 아르바이트에 필요한 자금의 원천과 배분 결과

기업에서도 이와 마찬가지로 가지고 있는 내 돈(자본)과 빌린 돈(부채)이 필요한 사업자금을 조달하는 두 가지 자금조달의 원천이 된다. 이 때, 확보한 모든 자금을 현금으로 보유하고 있다면 유동성(안정성)이 가장 높은 현금 및 현금 등가물(자산)로 보유할 수 있겠지만, 사업을 영위하는데(즉, 아르바이트를 하기 위해) 필요한 품목으로 이를 바꾸어 가지고 있을 수도 있다. 이렇게 사업에 필요한 현금과 교환하여 내가 처분할 수 있는 권한(지배하고 있는)을 갖고 있는 것을 자산이라고 부른다.

여기에서 알 수 있는 것은 [그림 25] 중 왼쪽(회계에서는 차변이라고 부른다) 금액의 합계액 260,000원은 오른쪽(회계에서는 대변이라고 부른다)의 합계액과 항상 같을 수밖에 없다는 것이다. 이것이 바로 대차대조표 원리이며, 대차 평균의 원리라고도 한다. 즉, 자본 조달의 원천인 '자본+부채'의 합계액은 확보한 자원을 배분한 결과인 자산의 합계액과 같게 되는 것이다.

(2) 투자받은 투자 유치금은 자본이 될 수도, 부채가 될 수도 있다

스타트업은 통상 지분 증권을 발행하고 주금을 납입받는 형태로 투자유치를 하게 되는데, 투자자와 협의하여 결정되는 발행 형태에 따라 가장 장기적으로 자금을 사용할 수 있는 주식 형태로 투자를 유치하면 자본(내 돈)이 된다. 이에 반해, 자본보다는 덜 영구적이긴 하나 장기간 사용 가능한 장기 부채인 회사채 형태로 투자를 유치하면 부채(남의 돈)가 된다. 부채가 자본과 다른 점은 익히 알고 있듯이 만기가 존재하므로 언젠가는 갚아야 할 의무가 있다는 것이다.

완전한 자본과 부채로 귀속되지 않는 제3의 형태인 메자닌*Mezzanine*[1] 증권 형태[2]로 투자금을 유치할 수도 있는데, 이는 최초 발행 시에는 부채이나 투자자의 청구에 따라 자본으로 전환되는 것으로 CB(전환사채), BW(신주인수권부사채)가 대표적이지만 상환전환우선주*Redeemable Convertible Preference Shares, RCPS*도 해당될 수 있다는 것을 기억할 필요가 있다.

위에서 언급한 상환전환우선주는 각 용어의 뜻을 개별적으로 살펴볼 필요가 있다.

- 상환: 일정 기간(통상 3~5년) 경과 후 스타트업이 투자자에게 투자유치 때 제시했던 수준의 기업 성장이나 IPO(주식 상장)가 되지 않았을 때는 투자원금과 약정이자를 합한 금액을 투자자가 상환 요청할 수 있는 옵션을 포함했다는 것
- 전환: 발행 시에는 우선주식 형태였으나 보통 주식으로 주식의 형태를 바꾸도록 청구할 수 있다는 것
- 우선주: 보통 주식에 대비하여 배당 가능 이익이 발생했을 때 배당의 우선권을 포함한다는 것

---

1 건물 1층과 2층 사이에 있는 라운지 공간을 의미하는 이탈리아어. 채권과 주식의 중간 위험 단계에 있는 투자 형태를 일컫는다.
2 주식과 채권의 특징을 함께 포함한 형태.

특히 상환전환우선주로 스타트업이 투자를 받을 때는 기업이
성장하여 상장을 앞두고 회계법인으로부터 외부감사를 받는 시
점에는 자본이 아닌 부채(상환의무가 존재하므로)로 계상되므로
부채비율을 올리게 된다는 특징이 있다. 이 때 상법상 배당가능
이익이 존재하는 기업의 경우 이익잉여금을 재원으로 하여 상환
할 수 있으므로, 적자가 계속되는 기업은 상환이 이루어질 수 없
다. 이는 최근의 투자가 이루어지는 형태 중 가장 많은 발행 형태
이기도 하다.

2) 관광업종(여행업)의 회계 처리 사례

(1) 매출 인식은 총액으로? 아니면 순액으로?

관광스타트업이 투자 상담을 위해 제출한 회사소개서를 검토
하다 보면 해당 기업의 전년도 재무제표(손익계산서)에 기재된 매
출액이 기업회계기준과 다른 경우를 많이 보게 된다. 대표적으로
여행 상품 또는 액티비티 상품 거래 플랫폼이나 서비스 기업의
경우 외부로부터 구입한 상품 금액(지불하기로 약정한)과 당 기업
의 거래 수수료(당 기업의 주사업 목적)를 합한 총액을 매출액으로
인식하여 기재한 경우가 이에 속한다.

플랫폼에서 소비자가 결제하는 금액 총액은 관광스타트업의
입장에서는 거래액으로 집계하여 별도로 제시하고, 이 중 매입처

혹은 일일투어 상품(체험 상품)을 입점하는 호스트에게 지급하기로 약정된 금액을 제외한 관광스타트업 기업의 서비스 수수료만을 순액으로 매출 인식하는 것이 올바른 회계 처리이다. 이 금액만을 매출액으로 기재하여 투자자에게 제출하는 손익계산서를 작성하는 것이 상호 간의 신뢰를 줄 수 있다.

단 여행사의 경우를 예로 들면, 항공권의 미판매에 따른 보유 손실이 모두 여행사에 귀속되고, 구매자의 신용 위험 또한 모두 부담하는 대신에 항공권 판매 가격을 직접 결정하는데서 오는 위험과 효익을 여행사가 모두 가지고 있을 수 있다. 이 경우 항공권 판매대금 총액을 매출(수익)로 인식할 수 있으며, 포함돼있는 부가세는 제외하여 부채(예수금)로 인식해야 한다[1].

(2) 여행업의 회계 처리 방법 사례

관광업은 관광객에 대한 운송, 숙박, 음식, 운동, 오락, 휴양, 용역제공을 비롯한 기타 부수시설을 이용하게 하는 업을 뜻한다. 관광업은 「관광진흥법」상 국내여행업(인트라바운드), 국외여행업(아웃바운드), 일반여행업(인바운드)으로 업종이 구분되어 있었으나, 최근 일반여행업은 종합여행업으로 명칭이 변경되고, 국외여

---

1 부가세 해당액은 반기 또는 분기별로 보관하고 있다가 과세 관청에 납부해야 하는 의무가 있다.

행업은 국내외여행업으로 변경되어 등록자본금 요건이 변경되었다.

이에 관해 외국인 여행객을 국내로 유치하여 서비스를 제공하는 인바운드 여행사의 회계 처리를 예로 들어보겠다. 인바운드 여행사는 해외 각국에서 한국을 여행하고자 하는 여행객을 모집하는 외국의 여행사를 에이전트로 두는 것이 일반적이다.

❶ 외국의 여행사(에이전트)로부터 외국인의 국내 여행에 소요되는 금액을 송금받았을 때는 예수금(부채) 계정으로 처리해야 한다.

[송금받은 경우]

(차변)		(대변)	
현금 및 현금성자산	xxx	외국인 여행수탁금	xxx

외국인 여행수탁금이라는 예수금(부채) 계정으로 처리하는 이유는, 외국인 여행객이 아직 국내에 들어오지 않아 인바운드 여행사가 서비스를 제공하지 않은 시점에 현금 입금을 먼저 받았으므로, 여행이 취소되면 언제든 받은 현금을 돌려주어야 하는 의무가 있기 때문이다. 인바운드 여행사는 현금 및 현금성 자산이라는 대표적인 자산이 증가했으므로 자산의 원래 자리인 왼쪽(차변)에 기재하고, 외국인 여행수탁금이라는 부채가 증가했으므로

부채의 원래 자리인 오른쪽(대변)에 기재해야 한다. 만일, 자산계정을 자기 자리인 차변이 아닌 대변에 기재한다면 감소했다는 의미가 되고, 부채계정을 자기 자리인 대변이 아닌 차변에 기재한다면 마찬가지로 감소했다는 의미가 된다.

❷ 외국인 단체관광객의 숙박비, 식사비, 차량비, 입장료 등을 인바운드 여행사가 지불하여 정산할 때는 임시계정으로 처리한다.

[숙박비, 식사비, 차량비 등을 지불시]

(차변) 외국인 단체입체금 xxx	(대변) 현금 및 현금성자산 xxx

외국인 단체입체금이라는 임시계정으로 처리하는 이유는, 인바운드 여행사가 외국인 여행객에게 제공하는 서비스에 포함되는 비용이 아직 확정되지 않았으므로 지불 시마다 금액들을 누적시킨 후에 단체손익정산서를 작성하여 계산하기 위함이다. 현금 및 현금성자산 계정이 자기 자리인 차변이 아닌 대변에 왔으므로 인바운드 여행사의 자산이 감소했다는 의미가 된다.

❸ 외국의 여행객에 지출되는 모든 비용을 단체손익정산서를 작성하여 계산해본 결과 외국의 에이전트로부터 받은 금액보다

적어서 여행 알선 수수료가 남은 경우, 외국인 여행수탁금이라는 예수금(부채) 계정으로 대변에 계상했던 부채계정을 차변으로 모두 보냄으로써 제각하고, 외국인 단체입체금이라는 임시계정으로 차변에 누적됐던 비용 임시계정을 대변으로 보내서 제각한다.

[수익 계정 계상]

(차변)		(대변)	
외국인 여행수탁금	xxx	외국인 단체입체금	xxx
		외국인 여행 알선수입	xxx

대차평균의 원리에 의하여 차변의 금액이 대변의 금액보다 더 크므로, 차액을 대변에 기록하고 계정 과목을 수익 계정인 외국인 여행 알선수입 계정으로 기록한다. 즉, 이번 상품으로 인해 정산 후 남는 금액이 수익으로 발생하게 된다.

02

어떤 투자자가
우리 회사에 관심을 가질까?

어떤 투자자가 우리 관광 스타트업에 관심을 가질 지를 아는 것은 '투자유치를 희망하는 기업이 누구를 만나야 할지를 먼저 알아야 한다'는 말로 바꾸어 쓸 수 있다. 관광스타트업이므로 관광 분야에 주목적으로 투자하는 투자자(투자 펀드 운용사)를 만나야 더 많은 관심을 가질 확률이 올라가는 것은 당연할 것이고, 또한 우리 회사의 사업 진행 성장단계에 맞는 투자 주체를 이해하여 미팅을 갖는 것이 필요하다고 말할 수 있다.

1) 우리 회사의 사업 발전 단계에 맞는 투자자 찾기(투자자 Hierarchy)

관광스타트업의 기업 성장단계는 ▶창업을 준비하는 단계인 '예비창업기'에서 ▶창업 후 초기 단계인 '창업기', ▶사업의 성장단계인 '도약기', ▶본격적인 성과를 확장하는 '성장기'로 구분할 수 있으며, 성장단계별로 지원을 받거나 투자를 하는 투자자가 구분되어있는 것이 일반적인 스타트업의 창업 생태계라 할 수 있다.

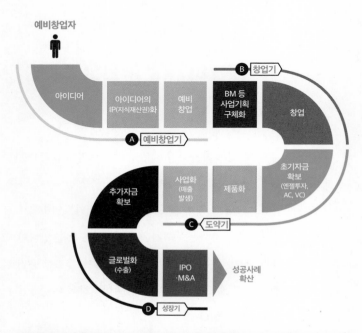

ⓐ 예비창업기	ⓑ 창업기
창업정보제공 • 시장동향·정부지원정보·투자정보 제공 **창업 인큐베이팅** • 창업 공간·환경 지원 **기술경영·지식재산권 전략 지원** • 특허권 보호 및 관리 지원 • 영업비밀 보호 지원 및 교육	**민간 주도 창업플랫폼** • 창업자 능력 개발 및 실행 컨설팅 **액셀러레이터** • 성공 경험 전수 • 창업에 필요한 자금·기술·정책 등을 자문 및 보육

©도약기	©성장기
벤처캐피탈·액셀러레이터·엔젤투자 • 우수 스타트업 발굴 및 투자 • 수익 실현 및 재투자 **R&D 지원** • 기업 성장단계 전주기 지원 **CVC(대기업)** • 대기업 전략분야 및 시장 연계 지원	**글로벌 마케팅, 시장진출 지원** • 해외시장 정보 및 판로 지원 • 글로벌 마케팅 역량 교육 **기업 공개를 통한 투자회수 인프라** • 기업 공개를 통한 투자 회수

그림 26 | 기업 성장별 창업 생태계

예비창업기에는 창업에 관한 정보를 제공하고 정부 지원 정보를 얻어서 지원할 수 있는 보육 *Business Incubation* 기관의 도움을 받는 것이 일반적이다. 각 지역자치단체 산하의 창조경제혁신센터와 중소벤처기업부의 지원사업을 대부분 주관하는 창업진흥원 등이 있고, 창업 인큐베이팅을 목적으로 창업공간을 제공하는 각 대학 창업지원팀, 기술지주회사가 대표적이다. 관광스타트업의 경우에는 관광분야에 특화된 한국관광공사, 제주관광공사, 서울관광재단 및 각 지역의 관광재단과 같은 DMO *Destination Marketing Organization* 등이 예비창업자의 보육을 담당하고 있다.

창업기에는 공공부문에서 각 DMO가 관광스타트업의 지원 및 보육 역할을 수행함과 동시에 민간부문에서는 AC *Accelerator, 창업기획자* 가 액셀러레이팅 프로그램 운영과 함께 소액의 초기 투자를 병행하고 있다. 액셀러레이터는 주로 개인투자조합을 결성한 후 재원을 마

런하여 초기(창업 3년 이내)기업에 소액 투자를 하였으나, 2021년에
「벤처투자 촉진에 관한 법률」이 개정되어 기존 벤처캐피탈이 결성
했던 벤처투자조합 또한 결성할 수 있게 되어 투자 재원을 확장할
수 있는 여건이 마련되었다. 따라서 민간부문 투자유치에 관심이
있는 창업자는 한국액셀러레이터협회 홈페이지[1]를 검색하여 해당
액셀러레이터마다 차이가 있는 액셀러레이팅 프로그램을 선택 및
지원하는 것이 필요하다.

도약기 및 성장기에는 주로 VC$^{Venture\ Capital}$가 주요한 투자자 역할
을 하고 있으며, 초기기업에 대한 투자부터 시리즈^{series} C, D의 다양
한 성장단계까지 커버하는 규모의 벤처투자조합$^{VC\ Fund}$을 결성하여
투자하는 벤처캐피탈의 숫자가 증가하고 있다. 스타트업은 ▶어떤
벤처캐피탈이 어떠한 주목적 분야에 투자하는 벤처투자조합을 운
용하고 있는지를 먼저 확인한 후에 투자 상담을 요청하는 한편 콜
드 메일[2]을 발송해야 하고 ▶해당 벤처캐피탈의 심사역이 참석하
는 지원사업 심사, 투자유치 IR, 창업 보육 프로그램 네트워크 행사
에 참석할지를 알아가는 과정이 필요하며 ▶전 단계인 창업기에 액
셀러레이팅 프로그램을 통해서 정보를 획득하고 지원을 받는 것이
좋은 방안이다.

---

1 http://www.k-ac.or.kr
2 Cold email. 사업 아이템을 설명하기 위해 거래관계가 없는 불특정 다수의 투자자에게 직접 보
내는 메일.

(1) 엔젤투자를 통한 자금 유치

엔젤투자자*Angel Investor*란 초기 단계의 벤처기업에 투자하는 개인 투자자를 말하는 것으로, 성공 가능성이 낮아서 투자유치에 어려움을 겪는 스타트업에 위험을 일부 감수하고 투자하여 성공을 돕는 자본적 투자자를 뜻한다. 최초의 개념이 등장한 미국에서는 엔젤투자자에 의한 투자가 매년 300억 달러를 상회하고 있으며, 엔젤투자자들은 개인적으로 큰 투자수익을 올리면서 국가적으로도 첨단산업의 발전에 크게 이바지해왔다. 이들 엔젤투자자들은 자본을 무분별하게 투자하지 않고 기업이 가지고 있는 미래가치를 판단해 건전한 투자를 해오면서, 미국의 벤처산업이 세계 최고의 기업들로 성장할 수 있는 기반을 마련하기도 했다. 엔젤투자자는 다양한 방식의 경영지도를 통해 투자기업의 성공을 도우며, 위험 부담은 크지만 만약 성공할 경우 엄청난 투자수익을 얻는 특징이 있다.

국내에서도 엔젤클럽을 중심으로 투자활동이 진행되고 있으며, 개인투자조합도 큰 역할을 하고 있다. 엔젤투자자를 분류하면 엔젤클럽에 가입되어있는 일반 엔젤투자자, 적격엔젤투자자, 전문엔젤투자자 등이 있으며, 구체적인 자격 기준 및 요건 등은 엔젤투자지원센터 홈페이지[1]에서 확인할 수 있다.

---

1 https://www.kban.or.kr

엔젤투자자와 벤처캐피탈^{VC} 간의 차이점을 요약하면 아래의
표와 같다.

분류	엔젤투자	벤처캐피탈
투자규모	적음	큼
투자대상	창업기업	창업기업
투자형태	집중투자	분산투자
투자절차	탄력적이고 용이함	엄격한 기준과 절차를 따름
회수기간	단기	장기
목표수익/목표수익률	적음/큼	큼/적음
경영참여	적극적	소극적
투자주체	주로 개인	창업투자회사

표 10 | 엔젤투자와 벤처캐피탈 투자의 비교

(2) 액셀러레이터를 통한 자금 유치

「중소기업 창업지원법」의 일부 개정 법률안인 일명 '액셀러레
이터법'이 2016년 5월 19일 국회 본회의를 통과한 후, 2021년 7월
27일 개정된 「벤처투자 촉진에 관한 법률」을 통해 액셀러레이터가
스타트업에 대한 중요한 투자 주체로서 명실상부하게 제도권 내
로 편입되었다. 상기 법률에서는 '창업기획자'의 중소벤처기업부
등록 제도와 초기창업자(창업 3년 이내)에 대한 전문교육 및 투자의
무, 행위제한 등 구체적인 등록, 말소, 취소 등의 내용을 담고 있다.

액셀러레이터는 '초기창업자 등의 선발 및 투자, 전문 보육을 주된 업무로 하는 자로서 중소벤처기업부 장관에 의해 등록된 자'로 정의될 수 있으며, 액셀러레이터의 한글 명칭은 '창업기획자'이다. 특히 2021년 개정된 법률에서 벤처캐피탈이 투자 재원으로 결성하였던 '벤처투자조합'을 액셀러레이터도 결성할 수 있도록 허용되었다는 것이 달라진 위상으로 볼 수 있으나, 액셀러레이터가 결성한 규모 있는 벤처투자조합은 여전히 소수에 불과하다.

액셀러레이터에 대한 최초의 개념은 미국 실리콘밸리에서 시작되어 발전됐다. 미국에서 대표적으로 꼽히는 액셀러레이터는 와이콤비네이터 Y-Combinator로 현재 시장가치가 약 30조 원에 이르며, 관광 분야의 거대기업인 에어비엔비와 기업 가치 10조 원을 넘는 기업 드롭박스 Dropbox 등이 이곳에서 배출되었다.

액셀러레이터는 초기기업을 보육하고 육성한다는 측면에서 공공분야의 인큐베이터 기관(창조경제혁신센터, 테크노파크, 지자체 산하 각종 진흥원, 대학 기술지주 등)과 유사하다고 할 수 있으나, 보육 기간이나 초기 자금 투자 및 지분 취득 여부의 측면에서 다음과 같은 차이가 있다.

분류	인큐베이터	액셀러레이터
선발과정	비경쟁적	경쟁적
보육기간	장기(3~5년)	단기(3~6개월)
초기투자금	없음	소액 지분 투자
보상	없음	일부 지분 취득
주요 프로그램	경영지원서비스	전문적 초기 육성 프로그램
지원 단위	개별 지원	기수별 집단 지원

표 11 | 인큐베이터 기관과 액셀러레이터의 비교

2) 관광스타트업의 VC 투자유치 및 사례

(1) VC 펀드의 투자 주목적에 따른 종류

벤처캐피탈(창업투자회사)은 「벤처투자 촉진에 관한 법률」에 명시된 요건에 따라 설립되어 창업자, 중소기업, 벤처기업 등에 투자하는 회사이다. 설립요건은 납입자본금 요건, 대주주 신용 요건, 상근 전문인력과 시설 보유 요건, 각 투자자 간 이해 상충 방지 체계 요건을 말한다.

창업투자회사(벤처캐피탈)의 투자 재원은 자기자본을 재원으로 하는 본계정 투자와 창업투자조합을 결성하여 투자하는 조합 투자로 나눌 수 있다. 창업투자조합 투자는 VC 펀드라고도 불리는데, 다양한 분야로 나뉘어 있어서 관광스타트업 내부 구성원의

특성 및 업력이나 비즈니스 모델에 따른 여러 분야의 VC 펀드에
서 투자유치가 가능하므로, 반드시 관광기업육성펀드 또는 관광
벤처펀드를 통한 투자유치가 유일한 VC 투자유치는 아니라는 점
도 이해할 필요가 있다.

아래 표는 창업투자조합(VC 펀드)의 종류를 예시로 제시하고,
각 펀드의 주목적 투자의 간단한 정의를 정리한 것이다.

구분	내용
창업초기펀드	- 초기 기업에게 자금 공급
엔젤 펀드	- 엔젤투자 지원으로 창업초기 투자 활성화
M&A 펀드	- 중소기업의 기업 인수·합병 지원
세컨더리 펀드	- 후속투자로 기업의 지속적인 성장 지원
소셜 펀드	- 사회문제 해결과 수익창출을 동시에 추구
여성 펀드	- 여성의 사회적 진출을 돕기 위한 펀드
청년 펀드	- 청년창업자 및 청년기업 지원
재기지원 펀드	- 실패한 창업자에게 또 한번의 기회를 제공하여 재기를 지원
고급기술 펀드	- 고급기술인력의 벤처시장 유입 확대
지역 펀드	- 지방자치단체와 연계하여 지역 기업 육성
해외 펀드	- 국내기업의 해외진출과 해외VC의 투자유치 지원
4차산업혁명 펀드	- 혁신기술 상용화 및 신산업 분야 육성
문화산업 펀드	- 영화, 방송, 드라마 등 문화산업 육성
디지털콘텐츠펀드	- 문화산업과 정보통신(IT)산업의 융합 지원
조선업 펀드	- 조선업 기업 투자와 조선 관련 기업의 구조조정 지원

구분	내용
환경 펀드	- 환경기술과 환경산업 육성
보건산업 펀드	- 보건산업 및 의료기관 지원
에너지 펀드	- 에너지 관련 신산업, 신기술 관련 기업을 육성
기술사업화 펀드	- 특허기술 사업화, IP서비스 관련 기업 또는 프로젝트 지원
해양 펀드	- 해양신산업, 첨단기술 융합 해양산업 육성
일반 펀드	- 투자분야에 제약없이 자유롭게 투자가 가능한 펀드
일자리 매칭 펀드	- 고용효과가 뛰어난 기업의 일자리 창출을 지원

표 12 | VC 펀드의 투자 주목적에 따른 종류

한편, 창업투자조합(VC 펀드)이 구성될 때 조합에 출자하는 출자자 중에는 정책기관의 비율이 2020년 상반기 기준 39.7%에 달한다.

정책 자금인 모태펀드를 재원으로 하여 VC 펀드에 출자, 관리하는 기관인 한국벤처투자의 출자 분야에 의하면 아래와 같은 계정들이 있다.

중진계정	창업초기, 지방기업, 부품소재, M&A 등에 투자하는 펀드
청년계정	청년창업기업 투자펀드
혁신모험계정	창업초기기업, 혁신성장기업, 농수산벤처기업 투자펀드
소재부품장비 계정	소재부품장비분야 투자 펀드
엔젤계정	엔젤매칭투자조합 등 엔젤 투자 활성화를 위한 펀드

지방계정	지방기업 투자 활성화를 위한 펀드
문화계정	문화산업진흥기본법에 의한 문화산업에 투자하는 펀드
관광계정	관광진흥법에 의한 관광업 등에 투자하는 펀드
스포츠계정	스포츠산업진흥법 상 스포츠산업 산업에 투자하는 펀드
영화계정	한국영화 등에 투자하는 펀드
특허계정	발명진흥법에 의한 발명활동의 진작과 발명성과의 권리화 촉진,우수 발명의 이전 알선과 산업화 등 특허기술사업화 기업에 투자하는 펀드
과기계정	방송법, 전기통신사업법, 인터넷멀티미디어 방송사업법에 근거한 방송, 인터넷, 멀티미디어, 전기통신역무제공 및 서비스 등 방송통신사업분야에 투자하는 펀드
보건계정	보건산업에 투자하는 펀드
환경계정	미래환경산업, 미세먼지관련 기업 투자 펀드
해양계정	해양신산업 관련 기업 투자펀드
도시재생계정	구도심 도시재생을 목표로 관련 기업 투자펀드
국토교통혁신	국토교통혁신산업 기업 투자 펀드

자료: 한국벤처투자(https://www.kvic.or.kr)

그림 27 | 한국벤처투자의 출자 분야

2020년 상반기를 기준으로 VC가 투자한 투자 분야 업체 수는 ICT 서비스가 27.7%로 가장 높았다. 관광스타트업 중 상당수가 포함될 수 있는 플랫폼 비즈니스 또한 이에 해당된다. 그 다음 분야는 바이오/의료 분야와 유통/서비스 분야로 각각 17.0%로 집계됐다. 투자 금액을 기준으로 할 경우 바이오/의료 분야가 가장

높은 26.7%를 차지하고, 다음이 ICT 서비스 분야로 25.7%를 차

지하고 있다.

　　아래는 업체 수와 투자 금액을 보여주고 있다.

번호	구분	비중(업체)	번호	구분	비중(업체)
1	바이오/의료	26.7	1	ICT 서비스	27.7
2	ICT 서비스	25.7	2	바이오/의료	17.0
3	유통/서비스	13.6	3	유통/서비스	17.0
4	전기/기계/장비	8.7	4	영상/공연/음반	10.9
5	기타	6.6	5	전기/기계/장비	7.7
6	화학/소재	5.6	6	기타	7.1
7	영상/공연/음반	5.3	7	화학/소재	5.0
8	ICT 제조	5.0	8	ICT 제조	4.1
9	게임	2.9	9	게임	3.5

자료: 더브이씨(THE VC) Newsletter.

그림 28 | VC 투자 추세(2020년 상반기 기준)

(2) 관광스타트업 비즈니스 모델에 따른 투자 분야

우리나라 관광 업계의 현황과 트렌드는 업계 전반에 영향을 미친 코로나 정국 이전부터 디지털 전환이 가속화되고 있었으며, 온라인을 통한 항공권 및 숙소 예약으로 대변되는 자유 관광여행 (FIT)이 패키지여행의 비중을 크게 상회하고 있었다. 또한 여행객 수와 시장 규모 측면에서도 아웃바운드 시장의 규모가 인바운드 시장의 규모를 상회하고 있었다.

아웃바운드 시장을 기준으로 코로나 이전인 2017년을 살펴 볼 때, 한국관광공사에서 발표한 전체시장의 비중은 항공이 34% 로 가장 크고, 호텔 22%, F&B 18%, T&A 14%, 쇼핑 13% 등의 비중으로 집계되었다. 글로벌 OTA *Online Travel Agency* 기업이 국내시장 까지 장악하고 있었던 항공권 및 호텔 예약시장은 관광스타트업 (또는 관광벤처기업)이 비즈니스를 성장시키기에 매우 불리한 시장 여건이므로 비교적 적은 관광스타트업이 사업을 영위하고 있었고, 그 이외 분야에서 주로 기업의 분포가 이루어졌다.

한편, 코로나19의 영향으로 아웃바운드와 인바운드 여행이 사실상 불가능한 상황에 놓이게 되면서 인트라바운드(국민 국내 여행) 시장이 커지기 시작했다. 이에 문화체육관광부(한국관광공 사)는 관광 요소와 기술 요소의 융·복합을 통해 관광객을 대상으로 차별화된 경험과 편의 및 서비스를 제공하고, 이를 통해 누적된 관련 정보를 분석하여 지속적으로 관광콘텐츠와 인프라를 개선 및 발전시키는 관광 도시 육성에 필요한 '스마트관광도시' 5대

요소를 제안하였다. 따라서 앞으로는 관광 사업과 연계기술 요소
가 결합한 비즈니스 모델을 가진 융·복합형 관광스타트업도 주요
투자대상으로 구분해 볼 수 있다.

5대 요소	세부내용	연계관광요소	연계기술요소
스마트 경험	최신기술(AR/VR/MR/홀로그램)을 활용, 자연문화 역사 등 관광매력 극대화	관광콘텐츠	VR, AR, MR, 미디어파사드, 인터랙티브미디어, 홀로그램
스마트 편의	여행경로 추천 등 여행지 정보 제공, 식당, 체험 등 실시간 예약, 선 주문-결제 지원	관광인프라	O2O, 블록체인, 로봇, 핀테크, 디지털 사이니지
스마트 서비스	다국어번역, 불편신고, 짐배송 등 관광지 현장의 불편에 대한 신속 대응	관광지원서비스	챗봇안내, 드론, 사물인터넷
스마트 모빌리티	공유자동차, 수요반응형 버스 등 도시간 이동 및 퍼스널 모빌리티 등 도시내 이용가능한 2차 교통수단	관광교통	공유플랫폼, 라스트마일, 자율주행, MaaS 등
스마트 플랫폼	스마트관광도시 내 다양한 서비스를 지원하며, 데이터 수집 및 공유	관광데이터	AI, 빅데이터, Data Analytics 등

자료: 한국관광공사(2021). 스마트관광도시 조성 가이드라인(계획). 문화체육관광부, 한국관광공사.

그림 29 | 스마트관광 5대 요소

관광스타트업의 VC 투자유치 사례 #1

– 액티비티(activity) 상품의 GDS(Global Distribution Solution) 구축 –

항공권을 판매하는 채널은 매우 다양하다. 항공권 판매는 항공사 자체 온라인 페이지보다 더 많은 채널에서 단독 혹은 여행 패키지 상품에 포함되어 이루어지거나, 온라인에서 항공권을 전문적으로 판매하는 OTA 혹은 최저가 가격비교 사이트를 통해 판매사이트로 유입되는 등 매우 복잡한 판매망을 가지고 있다. 이러한 다양한 경로로 온라인 항공권을 판매하는 주요 항공사 및 OTA에 필수적으로 필요한 것이 판매채널이 요구하는 정보와 고객정보, 항공권 정보를 온라인상에서 매칭하는 솔루션인 GDS(Global Distribution Solution)이다.

온라인 항공권 판매 시장은 항공 분야의 GDS가 1980년대 후반 등장함에 따라 급성장하였고, 전체 항공권 시장의 대부분이 온라인에서 판매되도록 하는 게임체인저가 되었다. 대한항공, 델타항공 등 항공권 공급사(supplier)인 주요 글로벌 항공사와 익스피디아, 프라이스라인, 스카이스캐너 등 판매채널인 OTA 간에 항공권 예약관리, 정산 관리, 항공권 등록 및 발권이 가능하도록 해주는 GDS인 Amadeus, Galileo는 현재 글로벌시장을 독과점하고 있다.

호텔 예약시장 또한 1990년대 후반에 호텔 객실의 공급사인 주요 체인 호텔과 판매채널인 주요 OTA 간의 예약, 정산 업무가 가능한 솔루션인 GDS가 출현함으로써 숙박의 온라인 예약시장이 폭발적으로 성장하였고, 현재 익스피디아, 부킹닷컴 등이 제공하는 솔루션이 숙박 GDS 시장을 과점하고 있다.

이처럼 항공권 및 숙박 예약시장에서 GDS가 등장함에 따라 글로벌 여행 시장은 디지털 관광객(Digital Traveler)에 의해 관광 소비 변화가 이루어졌으며, 기존 패키지여행에서 개별자유여행(FIT: Free Independent Tour) 시장으로 변화가 가속화되고 있다.

한편, 코로나19 이전의 관광시장에서 항공권과 숙박 예약시장 다음으로 크게 성장하고 있던 시장은 액티비티 시장으로, 여행지에서 필요한 놀거리, 즐길거리, 투어 상품 및 모빌리티 서비스 등을 아우르는 분야이다. 그 동안 글로벌 액티비티 시장에서는 중화권 3사로 일컬어지는 클룩(KLOOK, 홍콩), 케이케이데이

(KKday, 대만), 씨트립(C-trip: 트립닷컴, 중국)이 주요 판매채널로 성장하고 있었으며, 국내 공급사들도 이곳에 상품을 올리고 판매를 위탁하는 현상이 가속화되고 있었다. 또한 숙박 예약 유니콘 기업인 에어비앤비와 야놀자도 액티비티 예약상품 카테고리를 추가하며 액티비티 시장은 점진적인 성장세를 이어가고 있었다. 이러한 여행 액티비티 시장에서도 문제점 혹은 불편함(pain point)이 존재하고 있었는데, 바로 앞서 설명한 다양한 판매채널과 공급처 간의 예약, 상품 등록, 결제 관리가 가능한 솔루션인 GDS의 부재였다.

이에 국내 관광스타트업 ㈜액스는 쌍방 간 필요한 노드(node) 분석을 기반으로 액티비티 GDS를 개발하는 사업에 착수했으며, 열정적인 개발을 해나감으로써 중화권 기업들보다 빠른 시장 선점의 기회를 확보하는 성과를 기대하고 있다. VC는 해당 시장과 기업이 높은 성장 가능성을 보유하고 있다고 판단, 투자를 단행했다.

해당 기업이 투자 심사시 높은 점수를 받았던 핵심 요인은 다음과 같다.

• 수학과 전공자인 경영진의 높은 사업 이해도와 노드 분석 능력
• 액티비티 상품의 데이터 정형화 및 표준화 작업으로 각 OTA 채널에 맞는 콘텐츠 필드 관리와 매핑(mapping) 시스템 서비스 제공
• 지속적인 데이터 표준화 작업과 데이터 수집 작업으로 경쟁사 진입 장벽 구축
• 코로나19 상황 속에서도 해외 공급처(supplier), 글로벌 OTA 채널과의 계약을 확대해 나감으로써 글로벌 확장이 가능한 액티비티 GDS 개발 분야 구축

관광스타트업의 VC 투자유치 사례 #2

- 의료 관광(성형이 아닌 미용) 플랫폼 구축 -

의료관광 시장은 크게 중증 환자 시장과 성형·미용 환자 시장으로 구분할 수 있다. 중증환자를 대상으로 하는 의료관광서비스 기업은 상급종합병원을 사업파트너로 하여 내한하는 환자수가 가장 많은 러시아 및 몽골, GCC[1] 국가를 중심으로 사업을 전개하고 있다. 성형·미용 의료관광을 주 방문목적으로 하는 중국 의료관광객의 경우 대부분 성형외과를 사업파트너로 하고 있다.

한편, 피부과에서 제공하는 의료서비스는 성형수술과 미용시술로 구분되는데, 성형수술은 단발적인 수술 빈도로 1회의 결과가 매우 중요하고, 병·의원의 위치는 주로 강남권이며, 비**, 강***, 똑*, 굿* 등 다양한 예약 플랫폼이 출시되어 경쟁중이다. 이에 반해, 피부과 미용시술은 주기적 관리와 수십 종류의 시술 방법(높은 재구매율, 5~10회 이상 필요한 반복시술, 한해 약 9,000만건이 발생하는 시술 빈도)이 존재하고, 위치는 소비자와 가까운 지역의 병·의원을 선호하며, 성형수술보다 더 큰 규모의 시장이 형성되어 있다.

성형수술과 미용시술은 모두 공통적으로 시술이 이루어지는데, 보톡스, 필러 시장이 매출규모가 크다. ㈜패스트레인은 중국인 FIT 관광객과 중국의 주요 소비층인 지우링허우(九零后)[2]를 직접 대상으로 할 수 있는 퍼포먼스마케팅 및 국내외 OTA를 통해 연계하여 미용·성형·컨시어지서비스를 종합적으로 제공하는 결제목적방식(Cost Per Sale: CPS)으로 중국어 버전 및 솔루션을 개발하였다.

플랫폼비즈니스의 속성은 플랫폼의 상품 공급자인 공급자단과 이용자인 소비자단이 존재하고 한쪽의 가입 규모를 높이면 다른 쪽의 가입 유발이 촉진되는 선순환 구조를 가지고 있다. 이에 따라 제휴 피부과가 지속적으로 증가하는 계량적인 성과와 성장세를 보임으로써, 미용·시술 분야에 특화된 중국·동남아 의료관

---

1 골프만 연안의 부유한 산유국.
2 1990년대에 태어난 중국 젊은이들을 가리키는 단어.

광 수요를 창출할 수 있다는 점이 두 번의 후속투자와 대규모 동반투자를 견인한 요인이 되었다.

해당 기업의 투자 심사시 높은 점수를 받았던 핵심 요인은 다음과 같다.

- 일반여행업 등록으로 감염상황이 개선되는 'with COVID19' 및 'post COVID 19' 상황에서, 중국 여행객을 위주로 하는 인바운드 의료관광 수혜가 예상되는 플랫폼
- 피부 미용시술 분야(피부과, 성형외과, 피부 에스테틱 등)에서 보톡스·필러 시술 등으로 높은 매출을 기록하는 피부과 병·의원 가입율이 높은 플랫폼
- 가입된 피부과를 대상으로 한 미용시술 제품 판매, 환자 DB(data base) 판매 등의 비즈니스 모델(BM) 확장 가능성
- 안정적인 수익모델 구축 및 사용자·광고주(피부과) 지표의 지속적인 성장세

(3) 관광스타트업의 VC 투자유치 가능성

J-Curve의 개념은 미국의 기업가 하워드 러브*Howard Love, 1960-*의 책 「The Start-Up J Curve」에서 처음 등장한 개념으로, 스타트업의 창업을 비롯해 IPO *Initial Public Offering, 기업공개*, M&A *Merger & Acquisition, 인수합병* 등 스타트업의 생애*Life Cycle* 및 투자자의 회수*Exit*에 이르는 6단계를 설명한 곡선이다. 스타트업은 '창업 시작'에서 '수익 창출'에 이르기까지 다양한 단계를 거치게 되는데, 많은 기업이 보유중인 자금의 부족으로 사업 진행에 난항을 겪는 데스밸리*Death Valley*를 마주하게 되며, 관광스타트업도 예외는 아니다.

관광스타트업이 데스밸리를 잘 극복하여 적자 단계에서도 급격한 수익 창출을 통해 성장 가능성이 있는 기업이 되는 것을 지향하는 것과 마찬가지로, VC 또한 정해진 기간 내에 J-Curve를 만들어낼 보편타당한 확신을 주는 스타트업을 찾고 투자하고 싶어한다. VC의 주요 투자 재원인 창업투자조합은 그 운용 기간이 정해져 있기 때문이다. 창업투자조합(VC펀드)은 결성 시에 통상 투자 기간이 3~4년으로 정해지고 투자 기간 이후 스타트업을 돕는 성장 및 회수 기간을 합하여 7~8년으로 운용 기간을 정하는데, 이 기간 내에 투자한 자금을 회수하여 VC펀드에 출자한 출자자에게 출자금 및 수익금을 모두 돌려주고 펀드를 청산해야 하는 의무가 존재한다. 따라서 성장이 너무 더디거나, 안정성이 낮거나, 상장 시장 또는 M&A 시장이 존재하지 않는 것으로 판단되는 비즈니스 모델을 가진 스타트업에 투자하기란 쉽지 않다.

결국 VC가 투자하는 관광스타트업은 투자 후 J-Curve로의 성장이 가능하여 예상 회수액이 크다고 판단되거나, 유사 상장 모델 또는 대규모 선도기업이 존재하여 IPO 및 M&A 성공 모델이 있거나, 또는 안정적인 현금 창출이 가능하여 배당 등 현금 흐름으로 회수 가능성이 있는 기업이 대상이 될 가능성이 높다. 이에 덧붙여, 기업의 경영도 사람이 하는 일이므로 스타트업의 CEO 등 운영진에 대한 신뢰도나 경영자의 책임감 여부가 마지막 결정 요소가 되기도 한다. 따라서, 흔히 'CEO 리스크'라고 불리우는 요소가 없도록 관리를 잘 해야 하는 것도 기억할 필요가 있다.

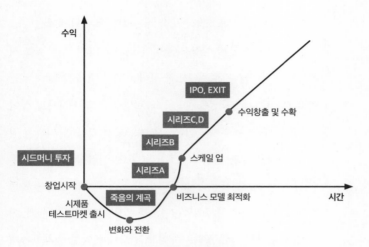

그림 30 | 스타트업의 J-Curve

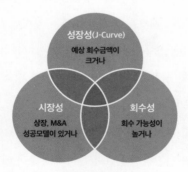

그림 31 | 관광스타트업의 투자유치 요건

3) 성공적인 투자유치를 위한 비즈니스 모델(BM) 발전 방향

(1) 관광스타트업의 비즈니스 모델에 대한 보완 사항

저자가 전문 투자자로서 관광벤처 펀드를 운용하며 투자할 기업을 발굴하기 위해 콜드 메일을 받거나, 데모데이 ^{demoday}[1]에 참석하여 비즈니스 모델^{BM}에 대해 발표를 듣거나, 정부 지원사업의 심사위원으로 참석하여 설명을 듣고 질의응답을 하거나, 지인의 소개로 자료를 받거나, 또는 투자 미팅을 통해 설명을 들은 관광벤처기업·관광스타트업의 수는 대략 500개 이상이다. 성공을 목표로 열심히 추진해 온 사업모델들에 대한 설명을 듣고 나면 잘 들었다는 소감과 함께 질문을 시작하게 된다. 성공하겠다는 굳건한 믿음과 의지로 시작한 사업임을 알기에 이 자리에 올라올 때까지 많은 고민과 노력이 있었음을 이해하고 지지한다는 뜻이다. 그럼에도 불구하고 관광 분야의 많은 스타트업 기업들이 발표한 사업모델들을 살펴보고 있노라면, 투자자로서 아쉬움이 남는 것이 사실이다.

좋은 역량과 강점을 가진 관광벤처기업이나 관광스타트업은 바로 투자 집행 절차로 이어졌지만, 이를 제외한 많은 기업들에 몇

---

1. 스타트업을 홍보해 투자, M&A, 구매, 채용, 홍보로 이어지는 기회를 제공하는 행사다. 주로 액셀러레이터가 진행하는데, 액셀러레이터는 이 과정에서 중개 수익을 가져간다. 스타트업은 데모데이를 통해 수월하게 투자를 유치할 수 있어서 스타트업의 등용문 역할을 하고 있다.

가지 아쉬운 점들로 투자심의위원회 의결이 이루어지지 않거나 지원사업 심사에서 높은 점수를 주지 못했던 기억이 있다. 따라서 이번 항목에서는 투자자의 입장에서 바라본 미진한 비즈니스 모델의 몇 가지 공통사항을 적어 보고자 한다. 이를 통해, 앞으로 사업을 전개하고자 하는 관광스타트업 기업이 비즈니스 모델을 구상하고 투자를 유치하는 데 도움이 되었으면 하는 바람이다.

① 비즈니스 모델(아이템)의 유사성

창업 아이템에도 트렌드가 존재하고, 일정 기간에 유사한 아이템으로 각각 다른 창업팀이 창업하는 시기가 있을 수 있다. 일례로, 같은 해에 한 지원사업에 지원한 몇몇 관광스타트업 기업이 주요 아이템을 여행 동반자 매칭 플랫폼으로, 주요 목표 시장을 FIT 여행자 또는 여성 1인 여행자를 대상으로 하여 아이템과 핵심 정보의 내용이 유사한 경우를 볼 수 있었다. 이 경우에, 목표 시장 또한 유사해질 수밖에 없으므로 제공하는 서비스와 모객募客의 접근방식에서 기존 플랫폼 또는 경쟁 플랫폼과 차별점 point of difference 이 존재하는지의 여부가 투자유치에 매우 중요하게 작용했다. 특히, 서비스 산업에 속하는 관광산업 내 창업팀의 경우에는 아이템의 유사성이 높을 가능성이 크므로, 비즈니스 모델을 정비하고 확정해 나가는 단계에서 반드시 시장 분석과 경쟁 분석을 통해 선도기업 또는 경쟁기업의 서비스와 차별화된 접근^{approach}이 필요하다.

② 수익모델(아이템)의 모호함

여행플랫폼 기업이 비즈니스 모델의 유효성과 소비자 잉여를 통해 플랫폼 내 소비자단인 회원(가입자)수와 MAU^{Monthly Active Users}를 늘림으로써 플랫폼의 규모화에 성공한 여행플랫폼 기업들이 존재한다. 어떤 기업의 경우 100만 명 이상의 가입자 수를 확보하고 비즈니스 모델 또는 서비스 모델에서 사용자 편의를 잘 제공하여 선도기업으로서 입지를 다져나가고 있었으나, 정작 플랫폼 내에서 결제 및 과금이 이루어지지 않거나 수익모델 개발 시기가 상당히 지연됨으로써 매출 발생 시기 이전에 사업자금이 모두 소진되어 재무적 어려움을 겪는 사례가 있었다.

플랫폼 서비스를 구축하는 초기 관광스타트업 중 일부 기업의 경우 서비스 모델을 통해 가입자 수 확보에 치중하고 수익모델은 충분한 가입자 수 확보 후에 구축하려는 계획을 갖고 있는 경우를 보게 되는데(또는 가입자 대상 단순 광고 수익모델), 비즈니스 모델 구상 단계에서부터 수익모델을 견고하게 구축해 나가기를 권유한다. 소비자 편의요소가 매우 커서 많은 가입자를 확보한 이후에 수익모델을 차례대로 오픈하는 플랫폼의 성공 사례가 더러

있긴 하지만, 창업 초기에서 궁극적인 사업 성공 단계(IPO 또는 유니콘 기업으로 성장)에 이르기까지 걸리는 기간과 자금을 모두 감당해나가야 하는 관광스타트업의 생존률과 투자유치 확률을 높이기 위해서는 최소한 대규모 마케팅 비용이 필요해지는 단계까지(예를 들면, Series B단계)는 계량적 실적을 보여줄 수 있는 수익모델을 견고히 할 필요가 있다.

③ 고객/아이템 연동을 통한 객단가 상승 노력

시설 기반 관광사업이 아닌 IT 기반 관광사업을 전개하는 관광스타트업의 경우 다수의 사업모델은 플랫폼 비즈니스인 경우가 많다. 플랫폼 비즈니스의 특성상 거래액 대비 일정 비율의 수수료를 수취하는 수익모델을 가지게 되는데, 서비스 수수료율은 상품 개발을 직접 하는 공급자*supplier*인 경우는 높을 수 있지만, 상품의 재판매자*reseller*이거나 유통/채널*channel*인 경우에는 5~15% 구간인 경우가 대부분이다. 이런 상황에서는 거래액의 규모화가 이루어지지 않는 한 정량적인 실적이 기하급수적으로 증가하는 J-Curve 형태를 기대하기 어렵다.

단일 관광스타트업의 여러 가지 여건상 개발할 수 있는 스큐*SKU, stock keeping units* [1]숫자가 적거나 여행 시장 중 소비지출 항목이 큰(매출 규모가 큰) 시장에서 사업을 직접 영위하기 어렵다면, 이 때 사용할 수 있는 전략은 동일한 목표 시장(여행객)을 대상으로 하여 연속적으로 항공, 숙박, 액티비티, F&B, 관광기념품 사업을 전개하는 서비스 기업들과 수평적으로 협력하는 것이다. 각 사업 분야별로 서비스의 내용과 수익모델은 다르지만 동일한 여행객을 대상으로 한다는 점에서 각 관광기업이 보유하고 있는 여행객 데이터를 공유하거나 애플리케이션 연동을 통하여 나의 상품을 구매한 여행객이 더 필요로 하는 상품 구매를 상호 링크하여 이익을 공유share하게 된다면, 한 명의 목표 여행객을 통해 창출하는 매출의 객단가를 높이게 되고, 전적으로 가입자 수 확보 경쟁에만 의존하는 수고를 줄일 수 있다.

관광 분야 스타트업의 경우 다른 산업 분야보다 기업 간 협업을 통해 매출의 규모화를 이룰 수 있는 협업 포인트가 더 많이 존재하므로, 수익모델 구축 단계에서 여행객의 이동-숙박-놀거리-먹을거리-살거리 등으로 이어지는 소비 패턴 중에 본인의 수익모델과 연결할 수 있는 다른 관광기업들의 사업모델을 학습하여 협업하려는 노력이 있다면 투자유치에 가산점을 받을 수 있다.

---

1 상품관리 또는 재고관리를 위한 최소 분류 단위

④ 진입 장벽을 구축할 기술(IP, intellectual property)의 부재

관광산업은 서비스 산업의 성격이 강하고, 일반적으로 기술 개발의 요구 수준이 높은 편은 아니다. 그러므로 기술개발을 통한 진입 장벽을 만들어 독특한 아이템을 구축해 나가기보다는 고객 확보, 점유율 확보를 주안점으로 두는 경우가 많다. 해당 아이템 경쟁기업 중 넘을 수 없는 진입 장벽을 만들어가는 것은 현재보다는 성장 후 더 큰 기업으로 만들어감에 있어 관광스타트업 또한 예외가 아님을 알 필요가 있다. 예를 들어, 자율주행이 가능한 AMR Autonomous Mobile Robot, 자율주행 이동 로봇을 개발하는 로봇 기업 중 SLAM Simultaneous Localization and Mapping, 동시적 위치추정 및 지도작성 기술의 개발 소스를 보유한 업체가 있다. SLAM 기술은 단시간 내의 매핑을 통해 지형지물을 인식하고 충전이 필요할 경우 스스로 이동해 자동 충전하여 24시간 무인 자율주행이 가능하게끔 하는 기술이다. 따라서 이 시장에서는 SLAM 기술의 보유 여부가 진입 장벽이 되는 사례라고 볼 수 있다.

이와 마찬가지로 관광스타트업의 인력 비중에서 개발인력을 낮게 보유하는 것은 진입 장벽을 만드는 기반을 포기하는 경우로 읽힐 수 있으므로, IP를 보유하려는 노력을 꾸준히 해나가면 좋다.

⑤ WHAT TO DO / HOW TO DO / HOW MUCH

시장진입 초기 단계에는 내가 속한 시장에서의 지향점과 목표를 잘 설정하는 것이 가장 중요하다. 즉, 어떤 비즈니스 모델을 통해 어떤 모습으로 성장해 있을지 기업 스스로 그림을 그리고 꿈을 키워가는 것 WHAT TO DO이 중요한 시점이다. 반면, 비즈니스 모델을 성장시키며 지원사업의 지원금을 수취한 이후 투자유치에 나서려는 시기에는 투자자가 투자 후에 회수가 가능한 기업이라는 점을 어필할 필요가 있다. 투자자 또한 투자 후 회수를 통해 운용중인 펀드의 출자자에게 출자금과 수익금을 분배해야 하는 의무가 있기 때문이다.

간혹 이 시기에 투자유치를 하려는 관광스타트업 중 무엇을 할지 WHAT TO DO를 설명하는 데에만 많은 지면과 시간을 할애하고, 정작 어떻게 성장시키고 있는지 HOW TO DO와 더 나아가 얼마만큼의 계량적·비계량적 발전이 있었는지 HOW MUCH를 설명하지 않는 경우가 있다. 그러나 관광스타트업과 같은 서비스 중심 비즈니스 모델은 '어떻게 성장하고 있는지'가 더욱 중요하며, 또한 '누가 만들어가는지'도 매우 중요하다. 따라서 IR 장표 작성 또는 발표 시에는 발전을 위한 준비사항과 진척도를 더욱 구체적·계량적으로 보여주는 노력이 필요하다.

(2) 포스트 코로나19 시대, 관광스타트업의 유망 분야

코로나19로 인한 국내 관광산업에 대한 타격은 2003년의 사스*SARS*, 2009년의 글로벌 경제위기, 2017년의 사드 배치로 인한 중국인 관광객 감소보다 훨씬 더 큰 충격으로 다가왔다. 팬데믹 정국에서의 관광산업은 2019년 기록한 아웃바운드 관광객 2,871만, 인바운드 관광객 1,750만이라는 역대 최고의 관광객 수치에 비해 2020년에는 아웃바운드 관광객 427만, 인바운드 관광객 251만이라는 최악의 데이터를 기록하게 되었다.

코로나19는 관광산업에 있어 여러 가지 사업의 변화를 가져왔다. 국경을 넘는*cross boarder* 관광이 불가능해지면서 이전의 가장 큰 시장이었던 아웃바운드 관광이 어려워지고, 인바운드 관광 또한 국내 체류 외국인만으로 시장이 축소되는 현상을 경험하게 되었다. 사업모델에 있어서도 가장 큰 시장인 항공권 예약시장이 정지되고, 두 번째 큰 시장인 호텔을 포함한 숙박 시장의 트렌드로 자리 잡아 가던 게스트하우스 내 도미토리형 숙소[1]가 코로나의 위험으로 '바이러스 프리*free*' 또는 단독 숙소 위주로 바뀌면서 고급*luxury* 숙소에 대한 수요가 커지게 되었다. 숙소 예약과 함께 멀리 이동하는 놀거리*activity* 보다는 숙소 근처에서 즐길 수 있는 놀거리를 함께 예약하는 카테고리로 숙박 OTA(야놀자 테크놀로지, 에

---

[1] 한 방안에 여러 명의 여행자가 침대를 나누어 쓰며 파티 등을 통해 자연스럽게 어울리던 숙박 형태.

어비앤비 사이트 신규 개편 등)가 영역을 확대하는 형태의 패키지 상품들이 자리를 잡아가고 있다.

이러한 산업의 변화와 함께 국내 관광에 대한 단기적·중장기적 정책 방향 또한 관광시장을 재구성하는 단계로 진행되고 있다. 우선 'MZ세대'의 트렌드인 워라밸(일과 삶의 균형)과 디지털 노마드 추구에 걸맞게끔 일^{work}과 휴가^{vacation}의 개념이 융합된 워케이션^{workcation}이 자리를 잡아가면서 '숙소 + 일하는 공간'에 적합한 지역과 숙소가 확대되고 있다. 또한, 코로나 정국에서 전 세계 항공권 노선 중 가장 붐비는 노선이 김포-제주 노선이 되는 등의 경험과 함께 숙소와 액티비티 시장의 새로운 변화가 지속되고 있다. 위드 코로나 시대가 시작되고 있는 현재에 포스트 코로나 시대의 관광과 여행의 방향은 관광 업계에 종사하는 모든 구성원의 주요 관심사라고 해도 과언이 아니므로, 각 광역 및 기초자치단체(제주시 및 서귀포시, 부산광역시, 강원도 등) 또한 새로운 트렌드에 맞춰 워케이션 센터와 숙소 제공을 통한 기업 유치, 체류 근로자 확보 등에 전력을 다하고 있다.

전통적으로 관광사업을 구분하는 기준은 다양하지만, 포스트 코로나 시대를 맞이한 현 시점에서 시설기반, 기술기반, 자연경관 등의 관광자원을 중심으로 분류하던 기존 분류체계는 변화해야 할 필요성이 있다고 생각된다. 앞으로는 패키지여행이 축소되고 개별자유여행^{FIT} 여행객의 비중이 높아질 것으로 예상되며, 디지털 전환 추세 역시 빠르게 진행되고 있다. 따라서 코로나19 이후의 관광 트렌드는 아래와 같은 키워드가 자리를 잡아갈 것으로 예상한다.

그림 32 | 포스트 코로나19 시대의 관광 트렌드

CHAPTER 6

관광스타트업의
세 번째 성공 철칙!
~ 효율적인 네트워킹 방법 ~

01

스타트업에게
네트워킹이란?

스타트업에게 네트워킹이란 무엇을 의미할까? 네트워킹이란 말 그대로 연결이자 확장이다. 이를 온라인게임에 빗대어 보자. 게임에서는 자신이 키우는 캐릭터가 있고 각자의 능력 수준(level)에 맞게 수행해야 하는 임무quest가 주어진다. 따라서 유저는 이를 해결하기 위해 게임 내에서 다른 유저들과 모임이나 집단을 구성해 정보를 교환하거나 함께 새로운 장소를 개척해나가면서 게임을 즐기게 된다. 이 때 나와는 다른 능력이나 기술을 보유한 유저들과 동맹이나 혈맹을 맺는 것이 중요한데, 서로 다른 능력을 활용해 효과적으로 도움을 주고받을 수 있기 때문이다. 그래야지만 빠르게 임무를 해결해 더 높은 단계로 올라갈 수 있으며, 자신의 캐릭터 레벨을 높이는 데도 매우 유리하다.

그렇다. 관광스타트업의 세계관에서도 이처럼 상호 협력 및 보완을 통해 성공의 레벨을 달성하기 위한 동맹 유저집단이 필요하며, 이를 찾을 수 있는 접점을 만드는 활동이 바로 네트워킹이다.

02

효율적인 네트워킹 방법

기존 스타트업 창업자나 투자자들은 신규 창업자들에게 자신이 어떤 사업을 하는지, 그리고 어떤 활동을 하는지 많이 알리고 다니라고 입을 모아 조언한다. 이유는 간단하다. 내 사업을 주위에 최대한 많이 알려야 그만큼 미래의 비즈니스 파트너를 만나기 위한 기회가 생길 수 있기 때문이다. 초기 스타트업들이 처한 현실을 감안할 때 꼭 필요하나 조직 내부에는 없는 역량들, 예컨대 영업·법률·기술 관련 자문이나 AC/VC와 같은 투자자와의 교섭 기회 등은 쉽게 주어지지 않는다. 따라서 내가 무슨 사업을 하는지, 그리고 현재 어떤 상황인지를 주변에 많이 알려야 우연한 기회를 통해서라도 당면한 고민거리를 해결하거나 해결해 줄 수 있는 파트너를 만날 수 있다.

스타트업에도 다양한 산업 분야가 있고, 각 분야에서 스스로 좋은 인맥이나 인프라를 찾기란 쉬운 일이 아니다. 따라서 이러한 수고를 덜기 위해 스타트업 업계에서는 다양한 네트워킹 행사를 지원하고 있다. 대규모 연례 네트워킹 행사뿐만 아니라 정부나 은행권에서 주최하는 행사는 물론 스타트업 전문 미디어나 패스트파이브(FASTFIVE)와 같은 공유 오피스 플랫폼에서도 네트워킹 행사를 주기적으로 개최한다.

이 중 관광스타트업 분야에서는 대표적으로 한국관광공사 관광기업지원센터가 관광스타트업 기업들을 대상으로 다양한 네트워킹 행사를 진행하고 있다. 관광기업지원센터에서는 관광스타트업들이 사업 운영 시 직면하는 다양한 문제들에 대해 상담 서비스를 제공하고 있으며, 필요한 경우 경영, 법률, 투자, 홍보 등 다양한 분야의 전문가를 매칭해 문제를 해결하도록 돕고 있다. 그 밖에도 관광스타트업 간 네트워킹 강화 행사나 세미나 개최 등을 통해 관광기업들간의 활발한 네트워킹 활동이 이루어지도록 지원하고 있다.

구분	주요 내용
관광기업지원센터 멘토링 프로그램	- 행사명: 입주기업 "멘토링 프로그램" - 참여대상: 관광기업지원센터(서울) 신규입주기업과 졸업기업 - 주요내용: 입주기업 대상 네트워킹 행사 내실화 및 연계 협업사업 추진 지원 강화 - 후속지원: 네트워킹 연계행사 진행 지원
브릿지 컨설팅	- 행사명: 브릿지 컨설팅-협업활성화 프로그램 - 참여대상: 서울-지역 관광기업지원센터 입주기업 - 주요내용: 사전 수요조사를 바탕으로 협업기업 발굴 네트워킹 지원, 전담 컨설턴트 지정을 통한 컨설팅 실시 - 후속지원: 협업 결과가 있을 시 홍보 마케팅 지원
입주기업 협업 프로젝트	- 행사명: 입주기업 "멘토링 프로그램" - 참여대상: 2개 이상(대표기업+협력기업)의 기업이 팀으로 네트워킹 공모 - 주요내용: 관광스타트업 협업 프로젝트 기업 대상 협업 사업비 지원 - 후속지원: 팸투어 운영비 및 우수사례 시상

구분	주요 내용
관광액셀러레이팅 데모데이	- 행사명: 관광산업 액셀러레이팅 지원사업 데모데이 - 참여대상: 관광산업분야 유망 스타트업 10개사 - 주요내용: 관광 AC 투자유치, IR 사업화 검토, 투자자와 　네트워킹 등 - 후속지원: 관광 AC 직접투자 지원
현장(방문)컨설팅	- 참여대상: 지역 관광기업지원센터 및 관광거점도시 등 - 주요내용: 창업 역량강화 워크숍 & 컨설팅, 　특강 및 선배 창업자와 네트워킹 행사 운영, 　지역 관광상품 체험 및 컨설팅, 　전문자문단 관광기업 임직원 매칭 네트워킹

표 13 | 한국관광공사의 주요 네트워킹 행사 및 지원사업

이 밖에도 각 지자체나 지역 내 관광 관련 단체 및 조직이 추진하는 네트워킹 활동도 있다. 대표적으로 서울시와 서울관광재단은 2021년에 '서울-관광스타트업 위크'를 개최하여 관광스타트업 종사자뿐만 아니라 예비 창업자, 벤처투자사 등 다양한 분야에서 다수 인원이 참여하는 네트워킹 행사를 추진했다. 4일에 걸쳐 진행된 이 행사에서는 관광 창업아카데미, 데모데이, 연합 네트워킹 데이 및 CEO 워크숍 등이 진행됐으며, 이를 통해 관광스타트업과 관련된 다양한 사람들이 함께 모여 정보를 공유하고 투자를 유치하는 등 실질적인 네트워킹이 이루어지는 효과를 거두었다.

이상의 행사 외에도 한국관광스타트업협회 등의 단체에서 정기·비정기로 '관광스타트업 포럼'이나 '온라인 네트워킹', '관광스타트업 Meet-Up Day'와 같은 다양한 네트워킹 활동을 추진하고 있다. 이상의

활동들은 모두 공동의 목표를 지향하며 관광스타트업의 지속적인 성장을 이끌어 궁극적으로는 관광산업 생태계 전반의 발전을 추구하고 있다. 따라서 관광스타트업을 시작하여 성공으로 나아가고자 하는 창업자라면 내 사업을 위한 튼튼한 인맥과 인프라 구축을 위해 적극적으로 네트워킹 행사에 참여할 필요가 있으며, 많은 사람들과 교류하며 내 사업을 알리려는 노력이 필요하다.

CHAPTER 7

관광스타트업 육성을 위한
정부의 역할

　　이 책은 우리나라 관광 분야에서 새롭게 스타트업을 창업하고자 하는 예비 창업자와 이제 갓 창업을 시작한 초기 창업자를 위한 지침서의 목적으로 출간되었다. 최근 관광스타트업은 기존 관광산업의 틀을 벗어나 급변하는 관광 트렌드에 빠르게 적응하면서 새로운 아이디어를 기반으로 관광시장에 유동적으로 대응할 수 있는 대안으로 급부상하고 있으며, 따라서 시장환경의 변화나 새로운 소비 트렌드로 인해 발생하는 수요와 공급 간의 격차를 해소하는 데 중요한 역할을 하고 있다. 뿐만 아니라 투입되는 재원 대비 산출되는 고용 창출 효과가 매우 높아 관광산업의 지속적인 성장과 발전에 중요한 영역으로 자리매김하고 있다. 실제로 이제까지 발굴된 관광스타트업들은 창의적인 아이디어와 첨단기술을 앞세워 관광자원에 새로운 가치를 더하고 전통 관광사업과 상호작용하며 시너지를 창출하고 있으며, 이를 통해 국내의 관광콘텐츠를 다양화하고 품질을 고도화하는 일익을 담당하고 있다.

　　이처럼 관광스타트업이 혁신을 통한 산업의 변화와 성공을 이끄는 핵심 동력으로 관심을 받기 시작하면서, 정부 또한 관광스타트업 육성을 위한 다양한 정책을 추진하기 시작했다. 정부는 문화체육관광부를 중심으로 신규 관광스타트업 발굴 및 지원, 관광사업 도약 및 성장 지원, 관광사업 지원기반 구축, 관광기업 육성펀드 조성 등과 같은 정책적 지원책을 마련해왔으며, 지방자치단체 역시 창업지원 공모전, 창업보육센터를 통한 육성 지원 등 다양한 형식의 지원을 통해 지역 중심의 창업환경을 마련하기 위해 노력하고 있다.

그러나 국내의 관광 분야가 스타트업에 본격적인 관심을 두기 시작한 것은 그리 오래된 일이 아니다. 1990년대 말에서 2000년대 초반에 일었던 첫 번째 벤처붐은 이른바 '닷컴기업'을 중심으로 하는 정보기술[IT] 관련 창업이 주를 이뤘으며, 이후 바이오, 의료, 유통, 관광 등으로 업종이 다양화된 두 번째 벤처붐은 2020년 전후에 들어서야 본격적으로 가시화되었다. 특히 관광 분야에서의 정부 지원은 2012년 한국관광공사 내 관광벤처팀이 신설되고 2015년 기존의 아이디어 공모전 수준의 관광벤처사업 공모전에 관광벤처기업 부문이 추가된 이후 2018년 관광기업 지원센터가 확대 조성되면서부터 시작되었다. 이 역시 중앙정부의 경우만 해당하며, 지방정부까지 포함하면 대부분의 정부 기관이 관광스타트업에 관심을 기울이기 시작한 것은 5년이 채 되지 않는다. 즉, 국내 관광스타트업은 5~10여 년이라는 짧은 기간 동안 지금의 모습으로 빠르게 성장해온 것이다. 그렇기에 어쩔 수 없이 대부분의 정책 지원 방향이 새로운 스타트업 발굴 및 일자리 창출과 같은 양적인 확대에 집중될 수밖에 없었으며, 가시적이고 표면적인 결과에 치중해왔다.

그러나 앞으로의 관광산업 환경은 전통적 여가 및 관광 서비스에서 다양한 첨단기술과 새로운 아이디어 및 콘텐츠로 무장한 스타트업들이 핵심 플레이어 *key player* 로 활약하는 시대로 재편될 것으로 예상되며, 이러한 산업적 토대가 더욱 확산 및 견고해질 것으로 보인다. 그러므로 이제는 더욱 장기적인 관점에서 관광스타트업의 질적인 성장과 산업의 내실화를 위한 방향을 모색할 시기이며, 정부의 역할 또한 관광스타트업의 발굴, 성장, 확대 및 관리에 요구되는 정책을 넘어 보다 큰 범주에서 관광스타트업의 산업환경을 둘러싼 다양한 법적·제도적·교육적 측면 등을 포괄하는 정책 로드맵을 구상할 때이다.

이에 이번 장에서는 관광스타트업의 현주소를 진단하고 이에 대응하기 위한 몇 가지 정책 방안을 제안하고자 한다.

첫째, 관광스타트업이 전통 관광기업과 정보 및 지식을 교류할 수 있는 장을 제공해야 한다.

관광산업은 숙박, 교통, 식음료, 문화, 체험 등 다양한 분야가 복합적·유기적으로 구성된 특성으로 인해 예비 창업자들에게 있어 다른 산업군에 비해 비교적 창업으로의 진입 장벽이 낮은 것으로 인식되고 있다. 실제로 현재까지 등록된 사업체들의 면면을 살펴보면 관광 관련 주제에 정보기술 및 서비스를 결합한 기술중심 스타트업 유형이

전체시장의 상당한 비중을 차지하고 있다. 한국문화관광연구원의 조사[1]에서도 관광 벤처기업 창업자 중 관광 전공자는 약 12% 수준에 불과하며, 공학과 같은 타 분야 전공자가 대부분을 차지하고 있다. 이처럼 관광스타트업 창업자들이 대부분 관광과 관련된 실무 경험이 없거나 연관성이 낮은 비전공자 중심으로 이루어져 있는 현실로 인해, 현장에서는 관광 업계에 대한 이해 부족으로 어려움을 겪는 경우가 빈번하게 발생하고 있는 실정이다.

이처럼 전통적 관광산업 생태계에 대한 경험이나 지식이 부족한 스타트업은 창업 초기에는 비즈니스 모델이나 사업 아이템의 혁신성으로 인해 성장할 수 있지만, 장기적인 측면에서 독보적인 기술력이 유지되지 못하거나 네트워킹 능력의 미확보로 인해 지속적인 사업운영과 성과 창출이 어려워질 수 있다. 특히 관광 분야는 서비스나 상품의 모방 가능성이 큰 산업군이므로, 산업의 전반적인 생리나 비즈니스 운영 노하우 등을 충분히 갖추지 못하면 후발 업체들에 의해 시장이 분산되거나 잠식될 위험이 크다.

결국, 관광스타트업의 생존력을 높이기 위해서는 경제적 지원이나 투자도 중요하겠지만, 이와 함께 신규 스타트업 창업자들이 관광 업계를 충분히 이해할 수 있도록 기존의 전통적 관광기업들과 정보나 지식을 교류할 수 있는 다양한 장을 제공할 필요가 있다. 이를 통해서

---

1 송수엽 · 이미순 (2021). 관광벤처기업 지원정책 발전방향 연구. 서울: 한국문화관광연구원.

기존 기업들은 새로운 아이디어와 기술을 도입할 수 있는 계기를 갖고, 스타트업은 현실적인 사업모델의 구축으로 경영의 지속가능성을 높이는 기회를 마련할 수 있다. 특히, 전통 관광기업과 관광스타트업 간의 이러한 교류는 각 기업이 개별적으로 미팅을 추진하거나 진행하기 어려우므로 문화체육관광부, 한국관광공사 및 각 지자체 등의 정부부처가 주도하여 네트워킹 행사나 관광벤처포럼 등을 지원함으로써 기업 간 협력체계 구축을 통한 상생의 길을 찾아야 할 것이다.

둘째, 관광스타트업의 기업환경과 실태를 객관적으로 모니터링하고 관련 법규 및 정책의 개선과 관리를 전문으로 담당하는 조직이나 기관의 설립이 필요하다.

많은 스타트업이 기존 사업의 틀을 깨는 이른바 '혁신성'을 기반으로 하고 있는 만큼, 현행 법제도 적용의 모호성으로 인해 기존 기업들과 잦은 마찰을 빚고 있다. 이러한 상황은 관광산업도 예외가 아니다. 기존 여행, 운송, 숙박 등의 관광산업에 이른바 O2O, 공유경제 등의 개념이 더해지면서 OTA, 공유차량, 공유숙박과 같은 신규 서비스가 대거 등장하기 시작하자 기존 기업들이 현행법상의 규제를 근거로 견제에 나서고 있다. 대표적인 사례가 바로 '타다'와 '우버'와 같은 공유모빌리티 플랫폼과 기존 택시업계와의 갈등, 그리고 '위홈', '에어비앤비'와 같은 공유숙박 업체와 기존 숙박업계 간의 마찰 등이다. 이러한 갈등의 주요 쟁점은 대부분 현행법상 분류 및 적용의 모호함에서 비롯되며, 기존 사업의 틀에서 벗어나 혁신적인 서비스를 제공하는 대부분의 스타트업이 겪는 일이 되었다.

이렇듯 소비자들이 원하는 혁신적인 서비스를 제공하는 관광산업 관련 스타트업들이 기존 현행법의 제약으로 사업화에 어려움을 겪고 서비스의 자율성을 침해받는 일이 지속되고 있으며, 이들을 울리는 정부의 규제는 여전히 존재하고 있다. 이는 어쩌면 한창 자라나야 할 관광스타트업 생태계의 싹을 잘라버리는 것이자 미래 관광산업의 지속가능성을 저해하는 것이라고 볼 수 있다. 따라서 앞으로는 '선규제' 보다는 '선독려' 차원의 지원정책이나 법안이 마련될 필요가 있다고 생각된다. 더욱이, 관광스타트업의 경우 사업유형과 비즈니스 모델의 복합성으로 인해 다양한 부처 및 이해관계자들과의 논의 및 협력이 필수적이다.

이에 따라 앞으로는 관광스타트업의 기업환경과 실태를 객관적으로 모니터링하고 관련 법규 및 정책의 개선과 관리를 전문으로 담당하는 조직이나 기관의 설립이 필요할 것으로 판단된다. 특히, 관광스타트업과의 긴밀한 소통을 통해 경영환경을 둘러싼 정책적 제약 요소나 불합리한 규제 및 제도 등을 사전에 파악하고, 이에 대한 개선 방안을 관련 부처와 협의할 수 있는 대표기관으로서 관광스타트업 전담 지원기관의 구축이 필요하다. 이러한 기관이 신설된다면 관광산업 발전에 역행하는 낡은 법규와 제도를 효율적으로 개선하고 관리할 수 있을 뿐만 아니라, 새로운 정책을 제안하고 기업의 성과를 제고하여 지속적인 관리 운영 및 관광산업 경쟁력을 높일 수 있을 것이다.

셋째, 새로운 관광 현장에 필요한 인재 육성을 위해 교육계와의 협력을 통한 체계적인 창업교육 및 지원체계가 필요하다.

현재 정규 관광 교육은 관광 관련 고등학교와 대학교 등 250여개의 교육기관에서 시행하고 있으며, 매년 많은 전문 인력을 배출하고 있다. 그러나 이 중 실제 관광 분야로 진출하는 비중은 높지 않으며, 전공자들의 진출이 미흡하다 보니 양질의 인력 수급은 여전히 부족한 실정이다. 이러한 배경에는 관광산업의 높은 중소기업 비중이나 비교적 낮은 임금구조 및 감정노동 등 관광산업 생태계 전반에 걸친 부정적 원인에서 비롯되기도 하나, 한편으론 급격한 외부 환경변화에 적절히 대응하지 못한 현 관광 교육체계에서도 그 문제점을 찾을 수 있다. 특히 최근에는 관광산업에서 기술의 중요성이 커지면서 기술과 관광산업을 모두 이해하고 있는 전문성이 기업 성장에 필수적인 요인으로 자리 잡고 있음에도, 현존하는 전공 교육의 커리큘럼은 실제 관광산업 현장에서 요구하는 역량과는 괴리가 있는 것이 사실이다. 따라서 이러한 변화를 고려할 때 향후 산업의 요구를 만족시키는 인재를 배출해 해당 분야로 진출시키기 위해서는 기존의 연구 중심 교육을 넘어서 관광 현장에서 필요로 하는 실무적·실천적 교육 과정의 개발, 편성 및 운영이 요구된다.

한편, 앞서 여러 차례 언급되었듯 최근 정부에서는 청년들의 창업을 적극적으로 장려하고 있으며 청년 창업을 위한 다양한 정책 및 지원책을 마련하고 있다. 이러한 추세에 발맞추어 대학의 교육 과정에도 창업 관련 교과목이나 비교과 활동에 대한 수요가 증가하고 있으며 창업 관련 교육, 서비스 지원 및 공간 지원 등을 지속적으로 확대해 가고 있다. 이러한 지원은 초기에는 교수 개인의 차원에서 이루어지고 있었으나, 창업에 도전하는 학생들이 점차 증가하면서 개인의 영역에서는 감당하기 어려운 수준에 이르고 있다. 즉, 창업을 위해 필요한 요소는 다양하지만, 교수 개개인이 가지고 있는 전문성은 한정되어 있는 것이다. 따라서 현장 중심의 전문적 지식과 역량을 개발하기 위한 추가적인 지원 방식 및 체계에 대한 고민이 필요한 시점이다. 특히 관광산업은 전통적으로 무형성, 소멸성, 생산과 소비의 동시성 등의 독특한 특성이 있으며, 최근에는 콘텐츠 및 아이디어의 개발에서부터 기술적인 부분의 이해에 이르기까지 종합적인 학습이 필요한 분야로 거듭나고 있다. 따라서 일반적인 창업지원 프로그램으로는 지원에 한계가 있으며, 이제는 관광 분야의 특수성과 전문성을 포괄하는 형태의 관광산업특화 창업 교육 및 지원체계가 마련되어야 한다.

이러한 창업 교육은 실무 친화적인 교육체계로의 개편을 통한 양질의 관광 인력 배출 확대라는 목적도 있지만, 전문 인력이 관련 분야에 지속적으로 수급되면서 발생하는 관광스타트업의 질적 향상, 그리고 이러한 성과가 결국 전반적인 관광산업 생태계의 발전으로 이어질 수 있다는 점에서 선순환적 효과를 창출하는 데 필수적이다. 다만, 이러한 청사진을 현실화시키기 위해서는 교육계뿐만 아니라 정부, 산업계, 연구 분야 등 다양한 관련 주체들의 지속적인 관심과 노력이 필요하다.

그중에서도 정부가 중심이 되어 관·산·학·연의 협력을 유도함으로써 이를 바탕으로 정책 비전과 전략을 제시하는 것이 중요하다. 예를 들어, 산학연계형 관광스타트업 프로젝트 발굴 및 지원정책을 추진함으로써 미래의 관광 인재를 조기 육성하여 청년들이 취·창업할 수 있는 기틀을 마련해주어야 한다. 이는 관광 전공 대학생들과 관광스타트업 기업을 매칭하는 방식을 통해 실무인재를 조기에 양성하는 시스템을 구축하거나, 연구개발 협업 프로젝트 등을 지원하여 실무에 필요한 핵심 연구 및 서비스 인력을 양성하는 방식으로 추진될 수 있다. 또한 융복합 관광 분야 인력 양성을 위한 현장 수요 중심 교육 프로그램 개발을 지원하는 정책도 필요하다. 실제로 관광산업 현장에서 필요한 교육 과정을 산업체와 학교가 공동으로 개발하고 전공실무실습 프로그램 등을 운영한다면 현장 중심형 인력 양성과 배출에 도움이 될 수 있을 것이다. 이 밖에도 수도권을 중심으로 편중된 관광 인력을 분산하기 위한 지역중심형 관산학(官産學) 커플링 사업 등도 적극적으로 추진될 필요가 있으며, 아울러 지역 창업 인재 육성을 위한 추가적인 정책 사업들도 실행되어야 한다.

이상의 제언을 참고하여 앞으로 정부는 신성장 관광 분야의 활성화와 질적 성장을 위해 비교적 현장 경험이 많은 기존 관광기업들과 기술력이 높은 관광스타트업 간의 다양한 만남의 장을 유치하고, 상호

간의 노하우와 전문성의 교환을 통해 관광산업 성장을 위한 시너지를
창출할 수 있도록 지원해야 할 것이다. 또한, 새로운 관광스타트업이
자유롭고 혁신적인 활동을 할 수 있도록 규제를 개선해 나가야 하며,
장기적인 안목을 통해 미래 관광산업의 뿌리를 견고하게 만드는 밑
거름으로써 현장 중심형 실천적 교육을 위한 정책적인 지원을 아끼지
말아야 할 것이다.

CHAPTER 8

관광스타트업을 준비하는 모든 이들에게

~ 스타트업 선배들의 조언 ~

정부기관 전·현직 담당자의 조언

[前 한국관광공사 관광기업지원실 실장, 現 그랜드코리아레저(GKL) 마케팅 본부장 안덕수]

'실패는 성공을 향하는 나에게 주어진 운명이다.'

흔히 운명은 피할 수 없다고 합니다. 우리는 실패할 때마다 자신의 운명을 한탄하게 됩니다. '나는 사업 운이 없는 사람이다', '나는 사업에 소질이 없는 사람이다'라고 말입니다. 하지만, 린 스타트업의 권위자인 에릭 리스는 '실패할 수 없다면 배울 수도 없다'라고 했습니다. 성공만 하면 자만이 생길 수 있고, 이를 통해 배우는 것에는 한계가 있습니다. 실패를 하게 되면 또 다른 실패를 되풀이하지 않기 위해서 실패의 원인 등을 살펴보게 됩니다.

실패에서 벗어나기 위해서는 자신감 회복 등 회복탄력성을 가져야 합니다. 회복탄력성을 가지기 위해서는 평소에 아주 작은 것에서부터 성공을 쌓아가야 합니다. 인생은 결국 자신과의 멘탈 싸움이며 루틴 싸움입니다. 저는 매일 매일 스스로의 건전한 멘탈 관리에 힘쓰고 있으며, 간단한 내용의 실천을 통해 좋은 습관을 유지하고자 노력하고 있습니다. 이러한 저 역시 마찬가지로 매일 벌어지는 나 자신과의 싸움을 통해서 성장하는 것 같습니다. 아르헨티나의 의사 출신인 혁명가 체 게바라는 '우리는 승리를 자축하면서 사는 것이 아니라 실패를 이겨내며 사는 것이다'라고 했습니다.

일생을 사는 동안 승리의 기쁨을 느끼는 순간은 상대적으로 짧고, 많은 실패를 운명적으로 경험하게 됩니다. 실패를 당연시 하십시오. 실패를 자신의 운명이라 생각하세요. 실패를 자신의 피할 수 없는 운명이라 인지하고 이겨내는 순간, 성공의 빛이 보이기 시작할 것입니다!

[제주관광공사(관광산업혁신그룹) PM 강문석]

관광은 다양한 분야가 융복합된 산업으로 타 산업에 비해 성장 가능성은 높지만, 소수의 플랫폼 기업을 제외하면 국내 관광분야 스타트업은 다른 분야에 비해 현재 큰 두각을 드러내지 못하고 있습니다.

팬데믹을 겪으면서 여행트렌드가 급변하고 MZ세대가 여행의 틀을 주도하고 있습니다. 관광스타트업은 여행객들의 여행 결정에서부터 마무리까지의 여정을 철저히 분석하고, 이들이 항상 겪는 문제를 잘 살펴보며 비즈니스를 설계할 필요가 있습니다.

관광산업은 트렌드 및 외부변수에 상당히 민감합니다. 따라서 현재의 비즈니스에 안주하지 말고, 다양한 확장전략과 활발한 투자유치를 이끌어 낸다면 국내 관광스타트업에서도 충분히 글로벌기업이 배출될 수 있다고 봅니다.

벤처캐피탈, 액셀러레이터들의 조언 및 축사

[한국가치투자(벤처캐피탈) 대표이사 배준학]

관광산업은 로컬 크리에이터의 주된 산업이었고, 한류를 비추는 거울이었으며, 영원히 지지 않는 무지개다리였습니다. 비록 팬데믹이라는 길고 긴 어둠의 터널을 지나는 과정에서 많은 어려움을 겪기도 했지만, 이제 오뚜기처럼 다시 일어서는 과정에서 이 책이 관광스타트업 예비 창업자와 초기 창업자들에게 폭풍우의 한가운데에서 바닷길을 비춰주는 등대가 되기를 바랍니다. 학계의 저명한 교수님들과 투자계의 유명한 대표님이 함께 깊은 고뇌 속의 성찰들을 나누고 그 혜안을 스타트업들에게 공유하는 뜻깊은 책이 되기를 바랍니다.

[NICE투자파트너스(관광산업육성펀드) 이사 신유진]

산업적으로는 '관광'이라는 용어가 더 친숙하지만, 개인적으로는 '여행'이라는 단어를 더 선호합니다. 여행은 인생을 가장 압축적으로 경험할 수 있는 시간이라는 면에서 스타트업 창업과 궤를 같이 합니다. 팬데믹 이후 변하지 않은 것은 없다는 것만이 변하지 않는 사실임을 우리 모두가 겪게 되었고, 그중 어떤 산업보다 가장 극적인 변화를 경험한 분야가 바로 관광·여행산업일 것입니다.

관광산업은 전통기업과 혁신기업의 희비가 가장 엇갈리면서도 대면 서비스와 휴먼 터치의 균형이 무엇보다 중요한 도메인이며, 문화콘텐츠, 금융, 데이터, 모빌리티, 도시재생 등 이종산업과의 결합을 통한 확장 가능성이 무궁무진하다는 매력이 있습니다. 빠르게 변화하는 시장 환경과 호흡을 같이 하되, 남들과 조금 다른 방식으로 문제를 해결하고자 집요하게 노력하는 스타트업에 많은 기회가 주어질 것입니다.

미래를 예측하는 최선의 방법은 미래를 만들어내는 것이라고 하죠. 창업이라는 긴 여정이, 인생과 여행의 묘미를 발견하는 압축적 경험이 되기를 응원합니다.

[씨엔티테크 대표이사 전화성 (관광액셀러레이터)]

관광스타트업들의 도전이 다양한 사업모델과 기술을 기반으로 매년 이어지고 있습니다. 관광 스타트업을 준비한다면 이 책을 꼭 일독해 보길 권합니다. 저자의 관광 스타트업에 대한 다양한 투자 경험이 책에 녹여져있기 때문에, 창업자들은 창업에 도움이 될 수 있는 직관을 충분히 얻을 수 있을 것입니다.

[와이앤아처 센터장 김현수 (관광액셀러레이터)]

최근 관광산업에 대해, 그리고 스타트업을 통해 지역 및 사회에서의 문제를 해결해 나가는 일들을 목도하게 됩니다. 이제는 스타트업이 관광 분야에서도 중요한 요소이자 혁신의 모델이 되었습니다. 이런 때일수록 관광 스타트업은 시장에 대한 지속적인 확인과 관심이 필요합니다. 빠르게 변화하는 시장 속에서 지속적인 검증과 관여를 통해, 시장 트렌드에 맞는, 그리고 고객의 니즈에 맞는 가치 포인트를 파악하는 것이 성공의 핵심 포인트라고 생각합니다.

[여행전문기자 '쇼미더임팩트/제이피인베스텍' 대표 양재필]

현재 한국 여행관광시장은 코로나 이후 더욱 빠르게 재편되고 있습니다. 레거시 여행업이 붕괴되고 유통 플랫폼으로의 대변혁 성장통을 겪고 있는 것입니다. 이 시행착오 축적의 시간이 지나면, 여행관광 산업은 새로운 잠재력을 보이며 소비 시장의 가장 매력적인 콘텐츠가 될 것으로 확신합니다. 다가오는 새로운 시대의 여행관광 산업에서 키플레이어가 되기 위해서는 기존 여행사들과는 다른 창발적인 도전으로 여행 융합플랫폼의 네트워크를 지향하고, 소비자 중심의 콘텐츠 기업으로서의 행보도 병행해야 할 것입니다. 특히, 플랫폼과 자본시장의 유기적인 네트워크를 활용해 자생하며 진화하는 여행기술기업으로 성장해 나가는 것이 가장 승산이 있을 것으로 판단됩니다.

관광스타트업 대표들의 조언

['핫써니' 대표 한정민]

관광스타트업을 꿈꾸는 분들께

자유여행 상품 상거래로 첫해 매출 20억을 달성해 관광사업에 새로운 매력을 느끼며 집중하게 된 관광스타트업이었습니다. 그러나 코로나 정국으로 인해 2년이 넘는 강제 휴식을 가지기도 했습니다. 마치 롤러코스터와 같았던 관광사업에 대해 조금이라도 먼저 시작한 사람으로서 몇 마디 조언을 드리고자 합니다.

관광스타트업은 용어에서 알 수 있듯 '관광'과 '스타트업'의 두 단어로 구성된 사업입니다. 관광은 아이템이고, 스타트업은 사업의 형태라고 보면 좋을 것 같습니다. 직접적 의미의 관광이라는 아이템은 일단 재고 부담이 없는(일부 선사입이라는 부분이 있지만, 그 또한 물리적 재고는 아니니) 사업입니다. 또한 제품이 매우 간단명료하며 이해도가 높아 판매하기 수월한 상품입니다. 더불어 모두가 직접 경험을 해본 제품이기에 조금만 고민을 해보면 그에 파생하는 니즈를 쉽게 파악하여 관련 연계상품을 기획할 수 있는 상품이기도 합니다. 관광은 절대적인 물량이 시장에 존재하고, 그 시장 자체도 매우 커서 1년 365일 수요가 항상 존재한다는 독보적인 매력이 있습니다. 이런 연유로, 우리 회사는 후발주자로서 빠르게 한 카테고리의 리더가 될 수 있었습니다. 여기까지만 살펴보면 관광은 매우 매력적인 아이템임에는 틀림없습니다.

단, 모든 이치에는 이면의 상황이 있듯 이 아이템 또한 마찬가지입니다. 낮은 진입 장벽으로 인해 누구나 접근할 수 있고, 새로운 아이템일지라도 금세 가격 측면의 경쟁상황에 직면할 수 있는 어려움이 있을 수 있으며, 코로나와 같은 천재지변에 취약한 아이템이 관광인 것 또한 사실입니다. 재고는 없지만 물류의 특징인 'payment term'의 이슈가 있어, 많이 팔수록 묶이는 돈도 많아지는 건 어쩔 수 없는 현실입니다.

종합해보면, 결국 여느 다른 아이템과 다를 바 없이 경쟁력 있게 제품이 포장되고 가격이 설정되어야 팔리는 제품이며, 여행 관련 상품이라도 특별한 왕도와 같은 것은 없다고 결론지을 수 있습니다.

스타트업이라는 사업 형태는 여러 사전적 의미가 있지만, 쉽게 정의하면 '부족한 자원으로 사업을 시작해야 하는 형태'를 의미합니다. 사업을 구성하는 3대 요소를 정의하자면 아이템, 맨파워(팀), 돈이 있습니다. 보통 첫번째인 아이템 하나를 가지고(혹은 맨파워를 일부 가지고 하는 운 좋은 분들도 계시지만) 사업을 해야 하기에 '스타트업'이라고 합니다.

사업을 한다는 것은 한 가지의 요소를 가지고 나머지 부족한 자원들을 채워나가는 과정이라고 할 수 있습니다. 좋은 아이템을 가진 팀이 투자자를 설득해서 돈을 얻게 되고, 그것을 이용해 팀을 갖추어 더 나은 아이템을 만드는 것을 생각해보면 이해할 수 있을 것입니다. 요소 중 어느 하나라도 없다면 기대하는 결과를 볼 수 없는 것이 현실입니다. 따라서 스타트업은 현재 내가 갖춘 요소가 무엇인지 먼저 파악하고, 해당 요소로 나머지 부족한 요소를 어떻게 가지고 올 수 있을지에 대한 전략이 있을 때 비로소 시작하는 게 맞습니다.

더불어 여기에 숨어있는 가장 중요한 요소가 하나 있습니다. 바로 타이밍입니다. 사업이 아무리 잘 준비되었다고 하더라도, 이 타이밍이라는 요소가 맞지 않으면 결국 실패하게 되는 것이 스타트업의 운명입니다. 타이밍은 내가 통제할 수 없는 유일한 요소이기에, 할 수 있는 방법은 기다림밖에는 없습니다. 운이 좋으면 사업 도중에도 그 타이밍이 오게 되어 큰 부를 얻기도 하고, 그렇지 않은 경우엔 사업을 포기하고 한참 뒤에야 오는 것이 이 타이밍입니다. 그래서 생존하는 것이 참 중요합니다. 즉, 타이밍을 기다릴 수 있을 때까지 사업이 살아있는 것이 무엇보다 중요합니다. 따라서 바람직한 스타트업은 생존을 위한 다양한 전략을 갖는 것이 중요합니다. 그중 가장 효과적인 것이 바로 물건이나 용역을 실제로 판매할 수 있는 '장사 능력'입니다. 물건을 누군가에게 팔 수 있는 능력이 있다면 스타트업의 생존 확률은 급격히 올라가게 됩니다.

앞서 말씀드린 것을 토대로 관광과 스타트업에 대해 요약하자면, 진입이 비교적 쉬운 아이템이지만, 경쟁력이 없다면 여느 아이템과 다를 바 없고, 시작은 수월하지만, 시간이 갈수록 난이도는 비약적으로 올라가는 사업이라고 할 수 있습니다. 이 업을 시작하기 전에, 앞서 묘사해드린 도전들을 극복하고 그 이상의 퍼포먼스를 낼 자신이 있다면 분명 좋은 성과를 얻을 수 있을 것입니다.

['로컬메이트' 대표 홍가은]

사업은 모든 준비와 자금이 갖추어져 있어도 대표의 역량에 따라 성공과 실패가 좌우될 수 있다고 생각합니다. 하지만 어떤 대표도 단기간에 최고로 성공할 수 없으며, 그 최고의 성공에 대한 기준 또한 지극히 개인적인 것이라 생각합니다. 그래서 스타트업 대표에게 가장 중요한 것은 바로 '내가 왜 이 사업을 시작했는가?'라는 질문에 답을 하는 것이라고 생각합니다. 대표 자신에게 목표 혹은 비전이 없다면 그 사업은 성공할 수 없습니다. 성공은 버티는 힘이 있어야 하고, 그 힘은 대표의 목표와 비전에서 나온다고 생각합니다.

['스쿨트립' 공동대표 박정주]

4차 산업혁명은 여러 가지의 표현으로 규정할 수 있겠습니다만, '생각하는 모든 비즈니스 모델이 IT 기술과 연결되어 엄청난 폭발력을 지니게 된다'라는 것이 현실로 다가온 시대라고 말하고 싶습니다. 오프라인 사업 20년에 이어 스타트업으로 4년을 보내고 있는 본인에게 변화해가는 시대의 트렌드는 기회와 위기라는 2가지의 선택지를 계속해서 쥐어주고 있지만, 저는 기회라는 희망에 더 많은 무게를 두고 있습니다. 저에게 스타트업을 키우는 과정은 자녀를 키우는 것과 유사하다는 생각이 듭니다.

〈올바른 과정이 결과보다 훨씬 중요합니다.〉

자녀에게 시험 결과만을 요구하는 가정은 교육 과정에서 반드시 큰 문제가 발생합니다. 존재하지도 않는 '엄친아'와 비교하며 스스로 좋은 과정을 만들고 있는 아이를 망치게 될 수도 있습니다. 스타트업에서도 존재하지 않는 유니콘 기업과 확률에도 없는 대박을 위해 뼈와 살을 갈아 넣고 결과 우선주의로 과정을 오염시키는 경우가 많은 듯합니다.

〈건강하고 착한 마음을 꾸준하게 지니는 것이 편법을 쓰는 것보다 훨씬 효율적이고 성공 확률도 높습니다.〉

간혹 자신의 역량 강화에는 아무 노력도 하지 않으면서 수료증, 증명서 등에만 관심이 있는 아이처럼, 시장에서 문제를 찾고 해결하려는 노력 없이 정부지원금, 보조금에만 연연하는 '좀비 스타트업'으로 전락하는 경우를 볼 때가 있습니다. 현 상황이 힘들더라도 여러 유혹에 휘말리지 않는 건강한 마음과 태도를 유지한다면, 앞으로는 좋은 기회들이 펼쳐질 것이라고 확신합니다.

〈너무 빠른 성공을 바라지 마십시오.〉

영재로 일찍 꽃핀 모든 아이가 어른이 되어서도 계속 천재성을 유지하지는 못할 것입니다. 많은 스타트업이 이른바 '제이커브'를 그리며 단번에 유니콘 기업이 된 것처럼 보이나, 어려움을 겪지 않은 유니콘 기업은 보지 못했습니다. 여러분들도 벼가 익기도 전에 뽑거나 뜸

이 들지 않은 밥솥을 섣불리 여는 우를 범하지 않기를 바랍니다.

치열하게 '아기 스타트업'을 해나가는 많은 후배님들이 이 책을 통해 통찰력을 갖추며 훌륭한 스타트업을 일구어나갈 수 있기를 진심으로 바랍니다.

['프랜딧' 대표 하현식]

저 역시 아직 부족한 것이 많은 초기 창업자입니다. 매일 매일 좌충우돌하고 있고 롤러코스터를 탄 기분이지만, 창업이라는 것은 이러한 불확실성과 부담감을 모두 뛰어넘을 만큼 가슴 뛰고 가치 있는 일이라 생각합니다.

['모디' 대표 김보규]

대한민국의 경우 전체 관광객의 70%가 20%의 관광지에만 집중된다고 합니다. 이를 전 세계로 확대시켜 살펴보면 아마 90%의 관광객이 5%의 지역에 집중될 것으로 생각됩니다.

전례 없는 코로나19 상황으로 인해 관광산업에는 일견 미래가 없는 것처럼 보이지만, 전 세계 중 95%의 지역은 아직 관광상품이라는 것이 없는 상황입니다. 기존에 없던 경험을 제공하는 미래의 관광사업자 여러분들이 글로벌 여행 업계를 변화시킬 것이라 믿습니다.

['윈드폴리' 대표 이병희]

'관광'은 특별한 비즈니스라고 생각합니다. 인생에서 가장 중요한 것이 '시간'일 텐데, 관광은 그 시간을 더욱 의미 있게 '큐레이션' 해주는 일이기 때문입니다. 앞으로는 더 좋은 시간, 더 좋은 경험을 위해 기꺼이 값을 지불하는 사람이 훨씬 많아질 것으로 예상됩니다. 기존의 공식을 뛰어넘는 새로운 관광의 방식을 마음속에 품고 계신다면, 특별한 세계로 한 발 내딛길 추천드립니다.

['이지백' 대표 이근혁]

오랜 망설임 끝에, 아주 늦은 나이에 창업했습니다. 쉽지만은 않았지만, 쉬운 일이 재미있었던 적이 있던가요? 사업을 재미로 하는 건 아니지만, 과정 자체를 즐기지 못하면 곧 지치실 겁니다.

그리고 자신만의 '왜?'를 찾으시기를 권해드리고 싶습니다. 내가 왜 이 일을 해야 하는지를 아는 상태에서 그 대답을 끝까지 갖고 가신다면, 그 간절한 'Why'가 있으시다면, 실패하기가 오히려 어려울 것입니다.

'밖에 적이 없고 안에 우환이 없는 나라는 반드시 망한다'는 맹자의 말이 있듯이, 치열하고 절실한 자문을 통해 자신이 하고자 하는 사업의 과정과 답을 찾아 나아가시기를 기원합니다.

여러분의 창업을 열렬히 응원합니다!

부록

정부지원 사업계획서 작성 사례
- 예비관광벤처(로컬메이트)
- 초기관광벤처(프랜딧)
- 청년창업사관학교(스쿨트립)

예비관광벤처
-로컬메이트-

예비관광벤처 사업계획서

사 업 명 : 로컬 크리에이터와 여행자를 연결하는 여행정보 매칭 플랫폼 '로컬메이트'

	예비관광벤처 사업계획서 요약

제품(서비스) 소개	· 핵심기능 국내를 여행하려는 여행자와 해당 지역의 여행 전문가(여행상품 판매자)간의 **QnA**를 통해 맞춤 여행 정보를 제공하는 웹/앱 기반 여행 플랫폼 '**로컬메이트**' · 소비자층: 국내 여행을 계획 중인 구매력을 갖춘 밀레니얼 세대 · 여행상품 판매자: 지역 전문 가이드, 게스트 하우스 오너, 체험프로그램 운영자 등 지역을 잘 이해하는 여행상품 판매자
제품(서비스) 차별성	· 현재 개발단계: 아이디어 단계 · 여행 상품 중심의 판매 플랫폼이 아닌 '사람과 사람의 연결'을 통한 여행서비스 제공 · **QnA** 시스템을 통해 지역의 여행 전문가에게 직접 여행정보 문의 가능 · 질문 키워드로 여행상품 판매자의 **맞춤 답변 제공**을 통한 신뢰도 높은 여행상품 추천서비스 · 스토리텔링과 영상중심의 **여행정보 전달** · 각 지역의 유니크한 '**여행 전문가**'들의 발굴을 통한 지역 여행 시장 활성화 · 개별 수요가 **많은 여행상품**들의 지역상품 브랜드화 (예: 서핑, 머드, 등)
국내외 목표시장	· 자기계발형 여행에 투자하는 밀레니얼 세대 **78%**의 여행객 · 베타테스트를 통해서 사용자의 양질의 **질문과 상품리뷰 확보** · 질문키워드를 이용한 검색광고 및 SNS 마케팅으로 초기 시장 진입 · 내수시장 서비스 성공 이후 외국어 서비스 도입으로 인바운드 시장으로 진출 가능 (영어권, 중국어권 준비 중) · 설립 3년 후 연매출 거래액 **20억** 이상, 월 활동 유저 **30만**명 목표.
이미지	
기타사항	· 대표자의 경험과 역량으로 QnA 시스템 알고리즘 제작이 가능하며, 판매자 발굴 또한 이미 확보. 지역 관광 활성화 가능!!

1. 사업의 개요

1) 사업의 명칭

'여행정보 궁금하면 직접 물어봐!!'
로컬 크리에이터와 여행자를 QnA방식으로 연결하는 여행정보 매칭 플랫폼 '로컬메이트'
(*로컬 크리에이터 - 지역을 이해하고 공감하는 모든 여행상품 판매자들, 예: 지역가이드, 안내사, 게스트하우스 운영자, 체험 프로그램 운영자, 맛집 또는 카페 운영자 등)

2) 개요

(1)창업이나 신규 아이템 개발동기

○ 관광안내센터 센터장 경험과 시장조사를 통해, 밀레니얼 세대의 여행객들이 다양한 삶의 방식을 가진 사람들과의 만남을 통해 내면의 성장에 도움이 되는 발전적인 여행을 원하며, 단순한 콘텐츠 소비가 아니라 직접 느끼고 경험하는 여행을 추구한다는 것을 알게 되었고, 그에 비해 우리나라 각 지역의 여행 정보는 직접 누군가에게 문의하기가 어려우며 고객 입장에서 좋은 여행 경험을 하기 어렵다는 문제를 인식하였음.

○ 각 지역마다 최고의 여행지를 알고 여행자들과 친근하게 소통할 수 있는 현지의 로컬 크리에이터들이 밀레니얼 세대의 여행객에게 여행정보를 직접 알려주면 신뢰있는 정보를 제공해 줄 수 있음

○ 현재 운영되고 있는 여행 상품 플랫폼들은 상품위주로 소개가 되어 있다는 것을 알게 되었고, 단순하게 상품에 대한 소개만이 아닌, 그 상품에 대한 스토리텔링을 할 수 있는 사람을 소개하고 연결해주면 밀레니얼 세대들의 구매율을 높일 수 있음 (2020년 소비 트렌드는 '클라우드 소비'… 밀레니얼-Z세대 트렌드 5가지)

○ 네덜란드 회사인 여행 가이드 플랫폼 '**Withlocals**'이 성장하는 것을 보고 사람과 사람을 연결해주는 여행 서비스의 가능성을 확신함.

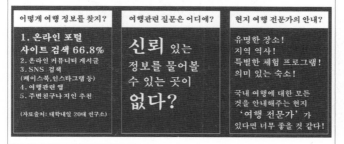

- 3 -

(2)핵심콘텐츠 내용 (융합성, 혁신성, 차별성 등 포함)

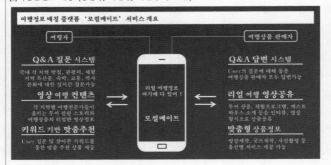

ㅇ 사용자 서비스

ㅇ 차별과 전략
- 여행 시에도 항상 키워드 검색 및 SNS 혹은 블로그 검색을 여전히 한다는 사용자들의
  패턴을 활용해서 웹서비스 홈페이지에 **Q&A 시스템을 내재화**하여, 자연스럽게
  검색사이트에서 홈페이지로 유입이 되도록 구성이 가능하며 질문을 통한 소비자의 니즈
  파악이 쉽고 빠르게 가능.
- 사용자 질문 데이터가 쌓이면 판매되지 않지만 소비자들이 원하는 <u>맞춤 상품 개발</u>이
  가능하며, 지역 회사 혹은 크리에이터들을 연결하여 판매 가능.
- 지역 상품 활성화를 위해 여행 상품 판매자들에게 <u>저렴한 비용의 맞춤 소개 영상 제작</u>
  및 기념품으로 제공할 수 있는 굿즈 제작 대행 서비스 제공.

2. 시장 및 사업모델

1) 시장현황

(1) 시장 현황 및 향후 전망

ㅇ 국내 여행 시장 현황
- 2020년 관광객 2천만 명 73조원 규모로 **연평균 8% 성장 예상** (한국관광공사, 하나투어 IR 2017)
- 한국 여행시장 규모가 오는 **2024년 약 81조원**에 이를 것이라는 전망 (한국경제, 2019년 11월 9일)
- 전문가들은 올해 중국 국내 여행 시장이 작년보다 60% 성장할 것으로 예상 => 한국도 해외여행이 주춤해지면서, **2020년 이후 국내여행의 수요가 급증할 것으로 예상** (한국경제TV, 2020년 3월 21일)

ㅇ 여행 시장의 변화
- 호텔스닷컴이 새롭게 발표한 연례 글로벌 '세대별 여행 트렌드' 리포트에서 밀레니얼 세대 여행객들 대다수가**(78%)** 자기계발형 여행에 더 많은 돈을 지불할 의사가 있다고 답했으며, 98%가 자기계발형 여행을 선호함 (https://bit.ly/2PfoHZM)
- 짧게 자주 떠나는 여행을 선호하며, **여행과 여가의 구분이 없어지고 있음** (한국관광공사, 2019년 12월 16일)
- 이제 물건을 살때도 이게 어디서 만들어져 누구의 손을 거쳐 온 것인지 생각하고, 가벼운 외출을 하거나 멀리 여행을 할 때에도 **'장소성'에 집중**하게 될 것임 (한종호 강원창조경제혁신 센터장, 뉴스투데이, 2020년 3월 10일)
- 여행을 통해 **경험적 소비**를 하려는 트렌드가 한국인 여행객과 한국을 찾는 외국인 모두에게 보이고 있다. (이희은 유로모니터 서비스&유통 부문 선임연구원, 디지틀조선일보, 2019년 11월 7일)

- 5 -

2) 목표고객

o 주요 소비자 층

=> 여행을 계획 중인 구매력을 갖춘 밀레니얼 세대 (25-40세)

- 대다수의 밀레니얼(78%)은 **정신적, 육체적, 정서적 발전**에 도움이 되는 여행을
  위해서라면 더 많은 돈을 지불 할 의사가 있다고 답함. 특히 이 중 **85%는** 여행 경비의
  최대 50%까지 자기계발에 쓸 수 있다고 함 ('호텔스닷컴'의 '세대별 여행트렌드 리포트',
  https://bit.ly/2PfoHZM)
- 자기 계발을 원하고, 이색적이고 의미있는 여행을 원하는 여행자들을 타겟으로 집중
  홍보 예정

o 주요 공급자 측 (로컬 크리에이터)

=> 지역을 이해하고 대표할만한 지역가이드, 안내사, 게스트하우스 운영자, 체험 프로그램
  운영자, 맛집 또는 카페 운영자
- 초기 공급자는 **직접 발굴 및 모집 할 예정**이며, 여러 가지 다양한 프로모션 혜택을
  지원할 예정
- 현재 초기 공급자 발굴 예정지: **강원도 양양, 속초 / 경주 / 제주도**
  (현재 양양 서핑 체험 프로그램 및 게스트하우스 운영자, 속초 게스트하우스 운영자 및
  가이드, 경주 현지 가이드 및 이색 카페 운영자, 제주도 체험 프로그램 운영자 등 다양한
  로컬 크리에이터들을 섭외하고 있음)

3) 사업모델(Business Model) - 도식화

o 비즈니스 모델(BM)

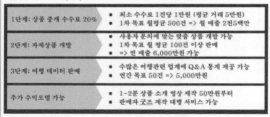

1단계: 상품 중개 수수료 20%	• 최소 수수료 1건당 1만원 (평균 거래 5만원) • 1차 목표 월평균 500건 => 월 매출 2천5백만
2단계: 자체상품 개발	• 사용자 문의에 맞는 맞춤 상품 개발 가능 • 1차 목표 월 평균 100건 이상 판매 • => 연 매출 6,000만원 가능
3단계: 여행 데이터 판매	• 수많은 여행관련 업계에 Q&A 통계 제공 가능 • 연간 목표 50건 => 5,000만원
추가 수익모델 가능	• 1-2분 상품 소개 영상 제작 50만원부터 • 판매자 굿즈 제작 대행 서비스 가능

- 사용자는 여행전문가의 모든 **여행정보** 안내를 무료로 사용가능.
- 사용자가 정보를 안내한 여행전문가의 상품 구매 시 판매자에게 판매 **수수료 20%** 부과.
- 1년 이상 QnA 데이터를 기반으로 **자체 상품 개발** 및 데이터 자료 제공 가능
- 추가 수익으로 판매자들의 상품의 광고 효과를 높이기 위한 **상품 소개 영상 제작.**
- 투어상품 혹은 체험상품 등의 경우 **굿즈 제작 대행 서비스 가능.**
  => 제작 업체 연결 가능 (예시: 필기구, 열쇠고리, USB 등, 기타참고자료 별첨 참조)

3. 사업화 전략(3장 이내)

1) 목적, 인력 및 조직 운영계획

(1) 사업 운영 목적

○ 주요 여행자들의 변화하고 있는 새로운 여행 형태에 적합한 패러다임 제시
- 지식인 같은 <u>Q&A</u>와 <u>실시간 채팅 시스템</u>을 통해 사용자가 알고 싶은 정보에 대하여 지역 전문가가 유용한 답변을 제시해주며, 수많은 검색을 통한 여행 상품 구매가 아닌 여행자의 니즈에 딱 맞춘 추천 여행 상품을 제공하는 패러다임을 제시.
- 지역의 특색에 맞고 질적으로 우수하며 이색적인 <u>여행상품 발굴 및 스토리텔링 제공.</u>
- 지역 전문가이며 동시에 상품 판매자인 로컬 크리에이터들의 스토리를 영상으로 소개하여, <u>신뢰성/편리함/재미,</u> 세 가지를 중심으로 <u>사용자와 판매자를 연결.</u>
○ 국내 곳곳의 보석 같은 여행 전문가들을 소개하여 지역경제발전 및 일자리 창출
- 사업 초기부터 지역 특색에 맞는 <u>검증된 전문가들을</u> 발굴하여 소개함으로써 지역으로의 여행 유도.
- 서울 이외 지역에서 재미있고, <u>새로운 경험과 지식을</u> 가지게 해 줄 수 있는 사람들을 연결함으로써 지역 일자리 창출 유도.

(2) 조직 및 인력 구성 방안

○ 팀 구성 방안

순번	직급	성명	주요 담당업무	경력 및 학력 등	채용시기
1	CEO				
2	COO				'20.6
3	중국어 팀장				'21.1
4	자문				'20.6

○ 업무파트너(협력기업 등) 현황 및 역량
- 외주 개발사:
- 영상촬영 및 편집:
- 퍼포먼스 마케팅:
- 지적재산 컨설팅:

3) 홍보 및 판로개척

(1) 시장 진입 및 성장 전략

o 출시 3년 내 약 <u>30만</u> 명 누적가입 수 확보 및 <u>1000</u>억명의 판매자 확보

- '프립(액티비티 플랫폼)'이 2016년 출시 후 2019년 3년차 74만 누적 가입자 수를 돌파한 데이터를 근거로 '로컬메이트'플랫폼이 프립보다는 여행과 숙박 관련 상품이라는 카테고리 제한이 있는 점을 감안하여 30만 명 누적가입자수 확보를 목표로 함 (인바운드시장 포함)

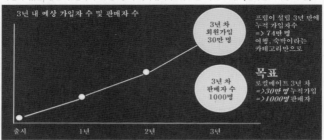

o 홍보 및 판로개척 방안
- 시장 초기 진입 전략 (사용자)

베타테스트 V.1.0 (20.10)	베타테스트 V.2.0 (20.11)	베타테스트 V.3.0 (20.12)
대상: 25-34세 직장인 채널: 개인 네트워크 및 온라인 커뮤니티	대상: 25-34세 한국 거주 외국인 채널: 온라인 커뮤니티 및 지역 글로벌센터	대상: 25-34세 여행계획 직장인 채널: 인스타그램 / 페이스북
- 1000명 선별 초대장 전송 - 온라인 질문자 중 100명 여행 상품 1+1 제공 - 검증된 사용자의 질문 및 리뷰 확보	- 1000명 선별 초대장 전송 - 온라인 질문자 중 100명 여행 상품 1+1 제공 - 한국어 가능 외국인 테스트 가능	- 여행상품에 관심 있는 25-34세 직장인 대상 광고 집행 - 온라인 질문자 중 100명 여행 상품 1+1 제공 - 일반인 대상 질문 및 리뷰 테스트

일반인 대상 베타테스트로 전략적으로 초대하여 양질의 질문 및 상품 리뷰 확보

- 판매자 모집 계획
√ 5월 중으로 초기 판매자 발굴 (현재 양양, 속초, 경주, 제주도 등 판매자 리스트업)
√ 초기 판매자 혜택 제공 => 수수료 혜택, 영상 무료 제작, 원할 경우 굿즈 제작 대행
√ 베타테스트 진행 시 다양한 SNS 채널을 통해 판매자 모집 예정 (6월 ~ 12월)

- 글로벌시장 판로 개척
√ 영어권, 중국어권 국내 거주 외국인을 시작으로 베타테스트 후 본격 홍보 예정
√ 영어, 중국어 등 외국어 가능 판매자 모집 예정 (0000년부터 본격 모집 및 판매 예정)
√ SNS 및 영상채널, 구글 SEO 및 광고 등으로 해외 적극 홍보 예정

4) 재무계획

o **웹서비스 개발비 - 외주 (켄코 웹개발회사)**
- 1차 베타서비스 개발비부터 진행함으로써 최소한의 비용과 기능형태로 테스트 진행 예정
  => 약 1,000만원으로 시작 (이미 웹개발 회사와 논의 중)
- 1차, 2차 3차 테스트를 통해서 조금씩 사용자 중심으로 업그레이드 하면서 진행할 예정
  => 월 약 200만원 유지/보수 기능 업그레이드 비용 (7개월)으로 진행 예정
- 추후 서비스 오픈 이후에도 계속적인 유지/보수 및 사용자 중심으로 업그레이드 예정

o **여행상품 판매자 발굴 및 소개 영상 제작**
- 사업 초기한달 간 국내 인기 방문지 3-4곳 (양양, 속초, 경주, 제주도 등) 선정 2-3명
  판매자 발굴
- 초기 판매자 무료 영상 제작 및 최소 원가로 자체 고객용 굿즈 디자인 및 제작
  (프리랜서 편집자 및 외주업체 섭외 완료)

o **글로벌 시장 검토**
- 대표의 경험과 노하우로 영어권 Q&A 답변 가능 및 로컬메이트 발굴이 가능하여 영어권
  준비 예정
- 2021년 이후 영어권, 중국어권 인바운드 시장 상품 운영 예정

o **1년 후 투자자금 조달을 위해 투자 유치 및 지자체 지원 적극 모색**
- 추가 자금 조달을 위해 엔젤투자 유치, 정부정책자금 혜택등 모색
- 1년간 축적된 국내 여행자 질문 데이터 및 대표의 역량을 통한 지자체 컨설팅 제공 및
  지원 자금 확보

< 사업화자금 집행계획 >

카테고리	목록	내 용	금액(원)
운영자금	인건비		
	외주용역		
	광고선전비		
	로컬메이트 영업출장비		
시설자금	임대비 및 비품 구매비		
합 계			
자부담비 계획 (대표 인건비 충당)			
공모전 지원금 계획 (최대 지원 예상)			

5) 일정계획

추진내용		추진기간	세부내용
웹서비스 구축 (외주)	서비스 기획 및 설계		전체 웹서비스 기획 및 설계
	프로토타입 개발		1차(7월), 2차(8월)
	DB 및 기능 구성		서비스 구축 관련 DB 입력
	테스트 및 검수		알파 테스트, 내부 검수
	베타테스트 서비스 오픈		베타버전 테스트 및 서비스 오픈
상품 및 서비스 개발	초기 판매자 발굴		대표 인기 지역 3곳의 여행상품 판매자 2 ~ 3명 발굴
	판매자 상품 구성 촬영 및 영상 제작		발굴한 로컬메이트의 상품 구성에 대한 사진 촬영 및 영상 제작
홍보	마케팅 (SNS 홍보, 구글 광고)		사용자 및 판매자 모집 (1차 베타테스트 시작부터~)
추가 계획	인바운드 관광객 검토		영어, 중국어 버전 검토
	인바운드 상품 출시		언어별 웹서비스 구축 및 상품 구성
	투자 유치		여러 가지 가능한 투자 유치 제안
인력 및 조직	COO 채용		전체 웹 서비스 기획 및 운영
	중국어 담당 팀장		중국어 서비스 운영
	상품개발 팀장		국내상품 관리 및 개발

4. 사업의 지속가능성(2장 이내)

1) 사업의 지속가능성(예상매출, 손익추정)

추정 손익계산서

기간 :   단위:천원

구분				산정 근거
1.매출액				- 20년 초기 테스트 진행 및 프로모션 매출 - 21년 인바운드시장 진출 예정 (월 2,500만 * 12월)
2.수수료이익				- 매출 20% 수수료 이익
3.운영 시설비				- 인건비 및 기타 비용
4.기타 매출(제작, 컨설팅 등)				- 영상, 굿즈 제작 및 컨설팅 예상 매출
5.기타비용(법인세 등)				- 각종 세금 및 기타 비용
6. 당기순이익				- 2022년 1분기 BEP 예정

2) 잠재리스크 및 대응 방안

o 초기 판매자 발굴 후 판매자 모집 실패 시
- 운영자들이 직접 꾸준히 영업 및 인터넷, SNS 조사로 판매자 발굴
- 적극적인 홍보 마케팅으로 사용자는 물론 판매자 문의 가능
- 대표 역량을 활용하여, 전국 관광안내센터를 방문하여 안내사들에게 QnA 답변을 할 수 있도록 유도하며, 그들에게 지역 판매자 추천 문의
- 각 지역 지자체를 방문하여, 지역 판매자 연결 문의

o 환경 혹은 국가적 재난 발생 시 (예: 메르스, 코로나19 등 세계적 재난)
- 판매 가능한 상품 위주로 빠르게 상품 추천 전환
- 지역 안내 가이드의 경우, 상품을 영상화하여 개별 여행객들에게 영상으로 상품 제공
- 개별적으로 진행 가능한 프로그램 발굴

o 사용자의 질문에 대한 판매자의 실시간 답변이 어려운 경우
- 1차적으로 판매자에게 답변을 실시간으로 연결해 주기 어려울 경우 운영자가 빠르게 답변
- 사용자가 질문하는 내용에 대한 판매 상품이 현재 존재하지 않을 경우는 가능한 근접한 상품을 추천하며, 혹시 만족하지 않을 경우 즉시 조사하거나, 판매 예정임을 알려줌

o 판매자 모집 후 플랫폼 등록에 대한 절차
- 초기에 상세한 매뉴얼을 제작하여, 판매자들이 직접 상품을 등록하고 수정하도록 함
- 판매자의 모든 문의사항도 실시간으로 채팅 가능

o 판매자가 갑자기 판매를 중지 할 경우
- 이를 대비하여 비슷한 상품군의 판매자를 확보함
- 판매자와 1년 단위로 계약서 작성 (판매를 지속적으로 계약할 경우 수수료를 인하)
- 판매 중지 전달 기간을 3개월 단위로 하고, 이를 어길시 위약금 요청 가능

o 판매자와 사용자의 개인정보 보안 및 안전 문제
- 판매자와 사용자의 개인정보는 모두의 동의를 받고 입력이 가능하도록 진행
- 모든 판매자는 운영자가 직접 인터뷰하며, 안전을 위해 신분증과 사진을 등록하도록 함
- 모든 판매자는 상품 운영을 위해서 필히 보험에 가입되어 있어야함

3) 이해관계자 요구사항 대응 방안

o 판매자와 지자체와의 갈등
- 판매자와 지자체와의 모든 갈등은 판매자의 책임이며, '로컬메이트'는 판매자와 사용자의 연결 역할만 진행
- 지자체의 허가가 필요한 일들은 판매자가 직접 지자체에 요청함
- 법적인 문제가 생길 수 있는 판매 상품들은 '로컬메이트'에 판매할 수 없음

o 판매자와 혹은 사용자와 지역 주민과의 갈등
- 모든 판매자와 혹은 사용자와 지역 주민과의 갈등은 '로컬메이트'와는 무관하며, 법적인 책임을 지지 않음

5. 관광산업 연관성 (1장 이내)

1) 관광산업 및 시장에 대한 이해

	myrealtrip	▲Frip	Discover	시골하루
판매상품	모든 여행 상품	여행, 여가	제주도 상품	시골 숙소, 여행
핵심가치	특색있는 상품	여가 액티비티	로컬 체험	시골 체험
메인 기능	여행 추천 기술	다수 상품	특별한 경험	시골 경험
가입자 수	180만 이상	74만 이상	알 수 없음	알 수 없음
추천 방법	머신러닝	슈퍼 호스트	상품 나열	지역 별 상품 나열

- 대부분의 국내외 여행상품 플랫폼들은 특색 있는, 혹은 로컬체험 상품들을 판매하고
  있지만 상품 위주의 홍보를 하고 있으나,
  로컬메이트는 국내 중심 로컬 체험과, 투어, 숙박 등을 판매하지만, '사람과 사람을
  이어주는 역할을 할 예정
- 추천 방법이 모두 AI를 통하거나, 상품을 직접 검색해야 하거나, 혹은 인기 상품을
  추천해주는 방법을 사용하고 있지만,
  로컬메이트는 QnA 시스템을 통해 질문에 대한 키워드로 상품을 추천하거나
  여행전문가들이 직접 상품을 추천하여 신뢰도와 구매 전환율을 높임
- 대부분의 여행 플랫폼은 판매자를 위한 서비스 제공이 많지 않지만,
  로컬메이트는 지역 상품판매 활성화를 위하여, 비교적 저렴한 비용으로 맞춤 영상제작,
  사진촬영, 굿즈제작, 등 다양한 서비스를 제공하며, 홍보, 마케팅 효과를 극대화 함

2) 사업 아이템과 관광산업과의 연관성

o 각 지역 안내센터 연계방안
- 대표의 역량을 활용하여, 대표 상품 발굴 지역을 중심으로 각 지역 안내센터와 연계하여,
  지역에 대한 질문을 할 경우, 상품 판매자뿐만 아니라 안내센터 직원과도 연결 가능
- 안내센터 안내자만 가지고 있는 관광 정보들을 사용자에게 실시간으로 전달 가능
o 일자리 창출을 위한 지역 전문가 발굴
- 대표 지역 3곳을 시작으로 각 지역에 대해 재미있고 의미 있는 시간을 제공할 수 있는
  지역 전문가를 발굴하여, 국내 여행객뿐만 아니라 추후 외국인 관광객들에게도 지역
  고유의 역사, 문화 전달 가능
o 홍보, 마케팅 지원
- 지역 관광지 및 상품 홍보에 어려움이 많은 지역 관광상품 판매자 분들에게 영상을 통한
  저렴하고 유용한 홍보, 마케팅 지원 가능 => 지역 홍보로 이어질 가능성이 높음
  자의 질문에 대한 키워드로 홍보 마케팅 가능

6. 리더십(2장 이내)

1) 사업자의 전문성

<학력 및 경력 주요 내용>

순번	기간	학력 및 경력 내용	비고
1			
2			
3			
4			
5			
6			
7			
8			
9			

2) 사업운영 능력

(1) 사업화 및 사업운영 능력

- 대표의 경험을 바탕으로 여행에 대한 사용자들의 질문을 파악하여 키워드 맞춤 상품을 추천해 줄 수 있는 판매자를 연결하는 알고리즘을 만들 수 있으며, 어떤 질문에 대해 실시간 문의 답변이 가능할 수 있도록 매뉴얼 제작이 가능
- 다양한 사회 경험으로 기획, 운영 뿐만아니라 관광업계 시장을 확실히 파악하고 있으며, 기본적인 회사 운영에 필요한 인사, 회계, 기타 업무들을 모두 직접 해본 경력이 있음
- 회사 운영의 가장 기본은 인간관계이며, 조직을 이끄는 능력과 파트너 및 판매자들을 설득하는 능력이 있어, 기존 경험을 바탕으로 자신 있게 운영할 수 있음

(2) 사업화 의지

- 현재 다양한 국내 여행 경험을 바탕으로 전국에 판매자들을 발굴 할 수 있는 리스트를

보유하고 있으며, 이미 **3-4곳** 지역의 아이템들을 정해 진행 할 계획을 세우고 있음
- 사회생활 경력으로 인맥을 활용하여, 현재 충분히 함께 진행 할 외주 파트너사들을 확보하고 있으며, 사업 진행에 대해서 이미 논의 중에 있음

(3) 도전정신 및 장애 극복 능력, 경험
- 혼자 힘으로 준비하여 호주 유학을 간 경험이 있으며, 대학교 졸업 후에도 끊임없는 자기개발을 통해 꾸준히 다른 일들을 도전해 옴
- 다양한 업무 경험을 바탕으로 어떤 문제에 부딪혀도 문제를 풀어갈 수 있는 경험과 노하우가 있음
- 수 많은 실패한 회사들을 겪으면서, 회사운영을 실패하는 방법을 피할 수 있음.
- 회사의 성공을 이끄는 가장 큰 요인 중 하나는 팀이라는 것을 알고 있으며, 팀이 함께 성장할 수 있는 회사를 만드는 방법을 알고 있음

초기관광벤처
- 프랜딧 -

초기관광벤처 지원 사업 사업계획서

※ 유의사항 (본 안내사항 부분은 제출 시 삭제 가능합니다.)
1. 사업계획서는 A4용지 14페이지 이내(별첨 서류 제외)로 작성

   [PDF파일로 제출, 휴먼명조 11포인트, 줄 간격 160, 검정색 글씨]
2. 양식의 목차, 표는 변경 또는 삭제 불가(행추가는 가능, 해당사항이 없는 경우 공란
   으로 유지)하며, 필요시 사진(이미지) 또는 표 추가 가능
3. 작성내용은

   1) 사실과 객관적으로 입증 가능한 근거에 따라 정확한 내용이어야 함

   2) 작성하여야 하는 항목의 누락이 없어야 함. 미 작성 및 누락 시 감점 함

   3) 설명 및 제시하고자 하는 내용 및 의미가 명료하고 간결하여야 함

   4) 각 항목에 표기된 '작성요령' 및 '예시'는 제출 시 삭제하여 제출할 것

☐ 사업자 일반현황

신청유형 (택 1)	☐ 체험콘텐츠형		☐ 기술혁신형		☐ 시설기반형		☐ 기타형	
서비스(제품)명								
대표자(신청자) 성명				생년월일	1900.00.00	성별	남 / 여	
기업명								
사업자 구분	☐ 개인사업자				☐ 법인사업자			
	사업자번호				사업자번호 (법인등록번호)			
개업연월일* (회사성립연월일)	2000. 00. 00		사업장 소재지 (본사(점))		○○○도 ○○시			

최근 3년간 주요성과**			
구분	2021년	2020년	2019년
매출(백만원)			
신규고용(명)			
투자유치(백만원)			

* 개인사업자는 사업자등록증 상 '개업연월일', 법인사업자는 법인등기부등본 상 '회사성립연월일'을 기재
** 주요성과 증빙 : 최근 3년간 재무제표와 건강보험 사업장 가입자 명부(취득/상실일 포함)는
   협약 전 반드시 제출하여야 함   ※ 업력이 3년 이내인 경우 해당 업력에 따른 주요성과를 작성

초기관광벤처 사업계획서 요약 (1매 이내)

서비스(제품) 소개	1. 휴대폰 번호가 등록된 실제 친구끼리만 맛집정보가 공유되는 서비스임 　친구기반의 신뢰도 높은 콘텐츠를 데이터로 변환하여, 전체 사용자에 제공 2. 친구관계 등을 중심으로 서비스 활성화 후, 여행상품 연계판매 진행예정 　위치기반의 맛집정보 및 여행상품 판매를 통해 지역관광 활성화에 기여 3. 맛집콘텐츠 생성 및 사용, 여행상품 구매에 적극적인 2030을 메인타겟, 　맛집콘텐츠 사용 및 여행상품 구매에 적극적인 3040을 서브타겟으로 설정
서비스(제품) 차별성	1. 현재 친구관계 중심의 맛집정보 공유 및 맛집 데이터 제공 서비스 진행 중 2. 데이터 취합, 정보의 참과 거짓을 판별하는 자체 프로세스는 현재 특허출원 중 3. 사용자 위치 중심의 입장권, 현지투어 등 여행상품 서비스 예정 (22년 4분기) 4. 실시간 날씨를 반영한 여행동선, 메뉴추천 솔루션을 위한 데이터셋 구축 완료 　여행동선, 메뉴추천 관련 알고리즘 솔루션 개발예정 (22년 하반기) 5. 사용자 개인취향에 따라 맛집을 추천하는 알고리즘 개발예정 (22년 하반기)
국내외 목표시장	1. 전체시장 : 국내 입장권, 현지투어의 전체시장은 3조 원 규모 2. 수익시장 : 전체시장에서 모바일을 통한 매출은 40%로 1.2조 원 규모 3. 유효시장 : 수익시장의 1%인 120억 원을 유효시장 목표로 설정 4. 시장확대 : 1단계 입장권, 현지투어 상품판매 → 2단계 국내숙박 상품판매 → 　3단계 국내여행 전체시장 (총 50조 규모 : 인트라, 인바운드 투어) 5. 타겟확대 : 내국인 대상으로 여행상품 판매 활성화 후, 국내에 체류하고 있는 　외국인들을 대상으로 맛집 콘텐츠 및 여행상품 서비스 제공
이미지	○ 맛집정보 공유서비스 → 여행상품 서비스 확장 프로세스
기타사항	1. [프랜딧] 서비스를 통해 해결하고자 하는 문제점 (1) (여행을 구성하는 가장 큰 요소인) 기존 맛집정보의 낮은 신뢰도 해소 (2) 위치기반의 맛집 콘텐츠와 여행 서비스의 결합을 통한 사용자 편의제공 2. 프랜딧의 발전방향 및 미션 　콘텐츠, 커머스 모두가 활성화된 '트립어드바이저' 모델로 발전 프랜딧 〉 Tripadvisor Mission : 사용자에게 신뢰도가 검증된 콘텐츠, 데이터, 관계형 　　　　　서비스를 통해, 생활과 여행의 편의를 제공한다.

1. 사업의 개요 (2장 이내)

1) 사업의 명칭

'친구끼리 공유되는 맛집정보를 기반으로 한, 지역관광 활성화 플랫폼'
[프랜딧]은 휴대전화에 등록된 친구, 지인들의 연락처를 기반으로 맛집정보가 공유되는
앱 서비스이며, 친구관계 및 지역을 중심으로 한, 관계형 관광플랫폼으로 확장 진행 중.

2) 개요

(1) 아이템 개발동기

ㅇ 여행에서 맛집은 가장 중요한 요소이며, 미식을 즐기는 방법은 다양해지고 있음.

- 여행객 10명 중, 8명이 여행지 선정에서 가장 중요한 요소로 맛집을 선택하였고,
  여행경비의 65%를 식비로 지출하고, 58%가 식당을 중심으로 동선을 계획하고 있음.

ㅇ 하지만 기존 '맛집정보' 채널과 콘텐츠의 신뢰도는 낮으며, 검증되지 않은 정보가 많음

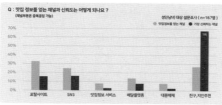

- 신뢰도가 80% 이상인 '친구추천'을 제외한 모든 맛집정보 채널의 신뢰도는 20% 이하이며,
  대다수의 소비자들은 맛집정보 수집 후에도 이를 검증하는 별도의 시간을 갖고있음.
- 지역관광 활성화를 위해서는 양질의 맛집정보 콘텐츠가 전제되어야 하지만,
  기존 맛집정보 채널 및 콘텐츠는 광고가 대다수이며, 정보의 왜곡도 많은 상태임.
- 맛집정보의 신뢰도 회복을 위해서는 친구기반의 진정성 있는 콘텐츠 구축 및 공유가 필요함.
- 친구, 지인을 기반으로 한, 새로운 맛집정보 플랫폼에 대해서 79%가 사용의향을 밝힘

3) 사업모델(Business Model) - 도식화

o 프랜딧 비즈니스 모델 관련 시장규모

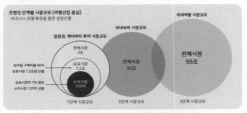

- 2022년 하반기 1단계 비즈니스 모델인 입장권·액티비티 투어 상품판매 런칭.
- 2023년 상반기 2단계 비즈니스 모델인 국내숙박 상품판매 런칭.
- 2024년 하반기 3단계 비즈니스 모델인 전체 국내여행 상품판매 런칭. (인바운드 포함)
- 2025년 6월 입장권·액티비티 투어 연계판매 관련 수익시장 목표달성 예상. [(   )억]

o 프랜딧 내 입장권·액티비티 투어 연계판매 진행

- 입장권, 액티비티 중심의 상품공급, 판매를 위해 ㈜아이쿠와 MOU 체결.
  아이쿠는 메타 서비스로 야놀자, 마리트, 클룩 등 국내 2,000개 이상의 상품을 공급함.
- 인바운드 투어 중심의 상품공급, 판매를 위해 ㈜하나투어 ITC와 MOU 체결.
- 지자체 특화상품 중심의 상품공급, 판매를 위해 ㈜한국투어패스와 업무협업 진행.
- 상품 공급자는 사용자에 니즈에 맞춰 지속적으로 확장을 진행할 예정.
- 2022년 4분기부터 매출발생 예정 / 2022년 예상 매출액 (   )억원 [수익 (   )만원]
- 액티비티 투어 프로그램 내, 맛집을 활용한 쿠킹클래스 상품개발 및 판매기획 중.

o 非 여행속성 비즈니스 모델
- 홍보·마케팅 용역수주 : 2022년 3분기부터 매출발생 예정 / 2022년 예상 매출액 (   )만원
- 지역기반의 광고수주 : 2022년 4분기부터 매출발생 예정 / 2022년 예상 매출액 (   )만원

- 4 -

5. 관광산업 연관성 (1장 이내)

1) 관광산업 및 시장에 대한 이해

○ 국내여행 시장규모 (여행상품 속성별로 분류함)

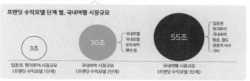

- 프랜딧의 1차 수익모델은 입장권, 현지투어 연계판매이며, 향후 국내숙박으로 확장예정.

○ 여행플랫폼과 맛집플랫폼의 협업 트렌드

- 여행속성에서 미식이 차지하는 비중이 높기에 두 속성의 협업은 지속될 것으로 판단됨.
- 여행서비스는 특정 시즌에만 사용자들의 트래픽이 집중되는 현상이 뚜렷하기에,
  이를 극복하기 위해서는 맛집과 같은 라이프스타일 콘텐츠 및 서비스가 필요함.

2) 사업 아이템과 관광산업과의 연관성

○ 프랜딧 내 입장권, 현지투어 판매연계로 지역관광 활성화에 기여 (내국인, 외국인 포함)

- 프랜딧에서 제공하는 맛집 콘텐츠를 통해, 맛집소개 및 지역상권 활성화에 기여가능.
- 지역을 기반으로 내국인 대상 입장권, 현지투어 상품판매, 국내에 체류 중인 외국인 대상
  입장권, 데이투어 상품판매를 통해 지역관광 활성화 및 국내 관광산업에 기여할 수 있음.
- 다양한 여행상품 공급을 위해, 입장권 메타서치 엔진인 아이쿠와 MOU 체결완료.
- 외국인을 대상으로 한 여행상품 공급을 위해, 하나투어 ITC와 MOU 체결완료.
- 지자체 중심의 특화된 여행상품 공급을 위해, 한국투어패스와 협업 진행 중.

청년창업사관학교
-스쿨트립-

2022년 창업성공패키지 지원사업
청년창업사관학교(사업화지원) 신청서

관리번호		접수번호	

Ⅱ. 사업계획서

□ 일반현황

사업화 과제명	초중고 교육여행 분석 표준화 데이터 기반, 맞춤형 콘텐츠 추천 및 중개 플랫폼 '스쿨트립(SCHOOLTRIP.KR)'		
신청자 성명 (생년월일)		성별	
기업명		사업자등록번호	
		법인등록번호	
개업연월일 (회사성립연월일)		사업자 구분	
사업비 구성계획 (백만원)	정부지원금		주요성과 (21년말 기준)	고용 (명)	
	대응 자금	현금		매출 (백만원)	
		현물		수출 (백만원)	
	합계			투자 (백만원)	

산업 및 지적재산권 등록현황 (신청과제 관련 특허, 실용신안, 프로그램 등, 해당시 사본 제출)

재산권 종류	산업 및 지적재산권명	등록번호(년월일)	권리권자
상표 등록	'교육여행연구소'		
상표 출원	'스쿨트립(schooltrip)'		
특허 출원	교육여행 추진 시 객관적 의사결정 및 업무 효율성 제고를 위한 교육여행 통합정보 서비스 시스템 및 방법		
특허 출원	학생과 학부모 사이에 교육여행 관리 방법 및 시스템		
특허 출원	커리큘럼 및 학습수준 맞춤형 여행코스 추천 방법		

기술개발 및 사업화 실적 (최근 3년이내 개발실적 중요도 순으로 기재)

개발과제 및 내용	개발기간	개발기관	신청자 역할	지원기관

창업사업화 중복지원 검토 확인사항(중앙정부 소관 지원사업 수행실적)

사업명	지원기관	지원기간	지원금액

- 2 -

230

□ 사업화 과제 개요 (요약)

사업화 과제 소개	핵심 기능	▸ 학교(학생) 맞춤형 교육여행 콘텐츠 추천 및 업체 매칭 B2B2G **플랫폼 사업**(담당교사-여행사&업체 Match maker), 대면/비대면 **교육여행 콘텐츠 개발, 공급 사업**
	목표 고객	▸ 전국 1만1천여개 초, 중, 고 학교 ▸ 1만7천여개 여행사와 개별서비스 업체(전세버스, 보험, 수련관, 관광지, VR업체 등)
	기대 효과	▸ 선생님 : 원하는 형태의 교육여행 콘텐츠 견적 비교, 비대면 콘텐츠 수요충족 ▸ 여행사&업체 : 학교라는 높은 진입장벽을 넘는 합리적 비용의 마케팅 채널
사업화 과제 차별성	사업 현황	2020 8월 법인설립 / 한국관광공사 엑셀러레이팅 프로그램수행(우수) 2021 한국관광공사 입주기업 선정 2021 인천관광공사 개항장 AR/VR 활용 교육여행프로그램 개발 용역사 선정 2021 12월 문화체육관광부 혁신경진대회 우수상 수상 2021 하반기 매출 **1억4천 달성 / 학교 38곳, 관련업체 79곳 확보** 2022 schooltrip.kr / schooltrip.store / schooltrip.club 타겟별 서비스페이지 분할 2022 현재까지 관련특허 출원 3건 / 상표출원1건 / 상표등록1건
	주요 차별성	1)국내최초 17개 교육청별 초중고 교육여행 데이터 **6만5천건 분석 맞춤형 서비스** 2)학교와 교육여행(체험활동)관련 여행사&업체 간 연결고리 역할 3)코로나 시국에 가능한 **비대면/대면 하이브리드형 교육여행 콘텐츠 개발 공급** 4)전국 중소 여행사 및 관련 업체 상생 모델로 지속가능한 서비스 5)교사와 업체 양면 고객의 시간과 업무프로세스 획기적 단축
국내외 목표시장		
이미지		
		< '스쿨트립' 플랫폼 메인 화면 > < 다양한 랜선체험학습 개발 공급 >

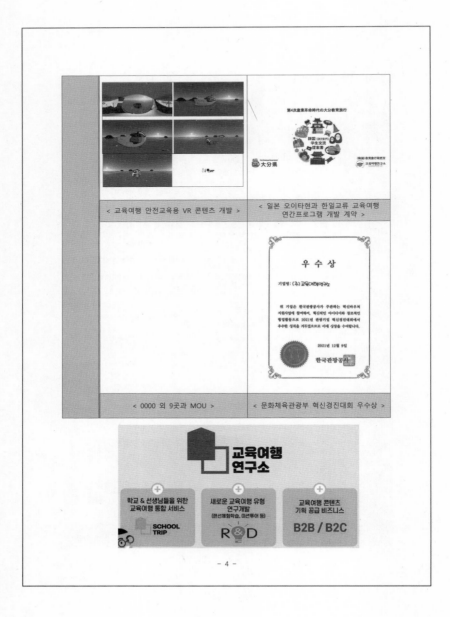

< 교육여행 안전교육용 VR 콘텐츠 개발 >

< 일본 오이타현과 한일교류 교육여행
연간프로그램 개발 계약 >

< 0000 외 9곳과 MOU >

< 문화체육관광부 혁신경진대회 우수상 >

1. 문제인식 (Problem)

1-1. 제품·서비스의 개발동기

○ 문제 상황 분석

(1) 학교 선생님들이 코로나 이전부터도 겪는 교육여행관련 고충

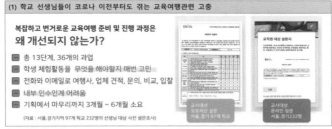

복잡하고 번거로운 교육여행 준비 및 진행 과정은
왜 개선되지 않는가?

- 총 13단계, 36개의 과업
- 학생 체험활동을 무엇을 해야할지 매번 고민
- 전화와 이메일로 여행사, 업체 견적, 문의, 비교, 입찰
- 내부 인수인계 어려움
- 기획에서 마무리까지 3개월 ~ 6개월 소요

(자료 : 서울,경기지역 97개 학교 232명의 선생님 대상 사전 설문조사)

(2) 대행업체별 저가경쟁에 의해 학생 만족이나 안전은 뒷전, But 여행사와 지자체의 고충도

1-2 제품·서비스의 목적(필요성)

○ 플랫폼 개발을 통한 문제의 해결

(1) 데이터 기반 교육여행 콘텐츠 플랫폼 구축

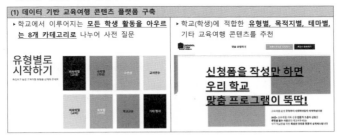

▸ 학교에서 이루어지는 <u>모든 학생 활동을 아우르는 8개 카테고리로</u> 나누어 사전 질문

▸ 학교(학생)에 적합한 유형별, 목적지별, 테마별, 기타 교육여행 콘텐츠를 추천

유형별로 시작하기

신청폼을 작성만 하면 우리 학교 맞춤 프로그램이 뚝딱!

(2) 고객 니즈 해결

▸ 대면(오프라인)/비대면(온라인) 다양한 **교육여행 콘텐츠 활용**이 가능	▸ 선생님의 **견적 문의, 수신, 비교** 용이 　- 48시간 이내 다수 업체의 빠른 견적회신

▸ 플랫폼 안에서 선생님과 업체간 매칭을 통한 학교시장 공략 (**교사&업체 Lock-in**)	▸ 관광진흥법과 소상공인보호법에 적합한 지역별 업체 매칭과 **사전 검증**을 통한 신뢰도 재고

○ 기대효과

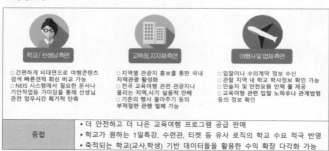

학교/ 선생님 측면	교육청,지자체 측면	여행사및 업체측면
□ 간편하게 비대면으로 여행콘텐츠 검색 빠른견적 회신 비교 가능 □ NEIS 시스템에서 필요한 문서나 기안작업등 가이딩을 통해 선생님 관련 업무시간 획기적 단축	□ 지역별 관광지 홍보를 통한 국내 지역관광 활성화 □ 전국 교육여행 관련 관광지나 몰리는 지역,시기 실용적 안배 □ 기존의 행사 몰아주기 등의 부적절한 관행 철폐 가능	□ 입찰이나 수의계약 정보 수신 □ 관할 지역 내 학교 학사정보 확인 가능 □ 인솔자 및 안전요원 인력 풀 제공 □ 교육여행 관련 입찰 노하우나 관계법령 등의 정보 확인

종합	▸ 더 안전하고 더 나은 교육여행 프로그램 공급 판매 ▸ 학교가 원하는 1일특강, 수련관, 티켓 등 유사 로직의 학교 수요 적극 반영 ▸ 축적되는 학교(교사,학생) 기반 데이터들을 활용한 수익 확장 다각화 가능

2. 실현가능성 (Solution)

2-1. 제품·서비스의 개발 방안

○ 서비스 핵심 기능

○ 전체사업로드맵

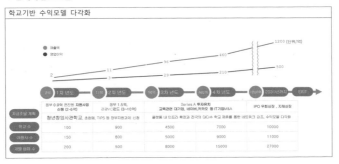

○ 사업화 구현 정도 및 추진일정

(1) 교육여행연구소의 기존 B2C B2G, Cash-cow 사업 영역 유지 확대				
사업명	추진정도	추진방식	추진일정	예상매출 (백단위절사)

*랜선투어(랜선수학여행, 랜선체험학습)는 실시간으로 진행자와 상호 교감하며 교육적 내용을 바탕으로 현장감 있게 간접체험을 하는 방식입니다. 코로나 시대 대면 체험학습의 대안으로 학생 참여도와 몰입감이 뛰어난 장점이 있습니다.

(2) 스쿨트립 Schooltrip.kr 플랫폼 사업화 추진

사업 추진 계획		사전준비기간				청년창업사관학교 협약기간								
		Q1	Q2	Q3	Q4	M1	M2	M3	M4	M5	M6	M7	M8	M9
사전 준비	교육여행시장 조사	■												
	베타버전 개발완료		■	■										
	서울경기지역 학교 사전영업			■	■									
플랫 폼 기능 고도 화	랜선체험학습 시장 검증				■	■								
	라이브송출 시스템 기획					■	■							
	기능 및 화면설계						■	■						
	콘텐츠 검색 기능 구현							■	■	■				
	테스트완료 및 출시									■	■			
인원 증원	웹앱 기능개선 개발자					■	■	■	■					
	학교/여행사&업체 CS관리								■	■	■			
	재무관리											■	■	■
마케팅	교사대상(사용자) 이벤트					■	■	■						
	여행사&업체대상 설명회						■	■	■					
	교육청 지자체와 MOU									■	■	■		
기타	상표2건 및 특허3건 출원 완료	■	■											
	AC / 마이크로VC 투자유치							■	■	■				
	벤처인증										■	■	■	
	기존 매출발생 사업영역 상시 유지 및 확장	■	■	■	■	■	■	■	■	■	■	■	■	■

▶ 사전 준비기간에 대한 적정성
- 2019년 예비창업패키지 사업 수행과 2020년 관광엑셀러레이팅 사업 수행을 통해 사전 시장공략과 플랫폼 베타버전 제작을 완료함
- 서울 경기 지역 학교 고객 확보 및 서비스 구독협의 중 30개교 명단

No.	학교명	No.	학교명	No.	학교명	No.	학교명	No.	학교명
1		7		13		19		25	
2		8		14		20		26	
3		9		15		21		27	
4		10		16		22		28	
5		11		17		23		29	
6		12		18		24		30	

- 외 00여고, 00외고, 00고, 00고 등 (추가 확보 중)
- 00광역시 외 3개 지자체와 교육여행 관련 협업 논의 중
- 관련 여행사 및 참여업체 확보 수 76개

< 사업 추진일정 >

추진내용	추진기간	세부내용
사업 추진을 위한 캐시카우 확보	협약 전 ~ 협약기간(상시)	타사협업, 자체 연구개발을 통한 교육여행 상품 공급, 판매
베타버전 활용 시장검증	협약 전 ~ 2022.4.30.	견적중개 콘텐츠 구독기능 검증 교사 피드백 수집
랜선체험학습 서비스 버전 개발, 출시	2022.4.1. ~ 2022.7.30	출시 후 다양한 피드백 반영 서비스 고도화작업
전국 초중고 학교와 제휴	2022.5.1. ~ 2022.8.31.	가을학기 시작 전 최소 500여 곳 이상의 공식 제휴학교 모집
여행사 및 개별공급사와의 제휴	2022.6.1. ~ 2022.9.30	전국 지역 단위 중소 여행사 개별상품공급사와 제휴 작업
대내외 홍보 마케팅 활동	2022.9.1. ~ 2022.11.30	홍보 리플릿 및 플랫폼 안내 동영상 제작 후 온 오프라인 마케팅 진행
관광공사, 지자체, 교육청 MOU 체결	2022.12.1. ~ 2023.1.31.	공공기관 및 지자체와의 다양한 협력 방안 모색

2-2. 고객 요구사항에 대한 대응방안

○ 주요 기능 및 차별성

교사,업체 양쪽 모두를 위한
양질의 교육여행데이터를모아

데이터기반의콘텐츠 추천,
빠른견적, 교사업무 지원을 통해

선생님을 보다 편하게
학생을 보다 안전하게
업체는 보다 많은 기회를

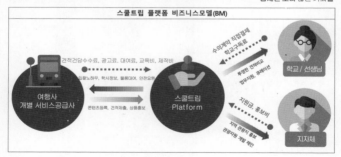

○ 경쟁사 분석 및 비교우위

	신난체험스쿨	mooyoung	AJA SCHOOL	SCHOOL TRIP
주요서비스	· 교과목연계 소규모체험학습 모집 · 상품관련 체험지 정보(약 160건)	· 어린이 체험학습 중개 서비스	· 체험교육O2O중개 플랫폼 서비스 · 8개 카테고리 별 구성된 상품 판매	· 사용자 맞춤형 콘텐츠 추천 및 구독서비스 · 랜선체험학습 등 비대면콘텐츠 개발 · 상품 공급자 중개
고객	· 일반개인 및 단체(유치원,초등학교 위주)	· 일반 개인 소규모 그룹 · 체험학습 상품 공급자	· 미취학~성인까지 소규모 그룹	· 학생(초, 중, 고) · 교직원 · 서비스 공급자 · 지역 여행사 · 지자체, 관광지
수익모델 (BM)	· 중개수수료 · 광고	· 상품 판매 수수료	· 중개수수료 · 컨설팅료 · 공동구매 판매	· 학교 구독료 · 업체중개 수수료,이용료 · 교육비, 제작비 · 지자체 홍보비
장점	· 미취학 아동기 소규모 체험학습 중개에 최적화	· 편리한 예약 과정 · 다양한 결제수단	· 오프라인 체험센터 · 오픈마켓 입점 · 체험학습 신청 시 무료 진로적성검사 제공	· 기관연계 다양한 지역별 교육여행콘텐츠 제공 · 편리한 견적 회신 비교 · 교사업무가이드 · 기간/지역 안내
단점	· 사용자 요구에 맞춘 콘텐츠 제공 불가	· 체험학습과 관련된 콘텐츠 부족	· 지역별 다양한 콘텐츠 부족	· 신규 사업 진행으로 인지도 부족

○ 포지셔닝 전략

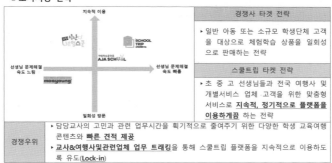

경쟁사 타겟 전략	▸일반 아동 또는 소규모 학생단체 고객을 대상으로 체험학습 상품을 일회성으로 판매하는 전략
스쿨트립 타겟 전략	▸초 중 고 선생님들과 전국 여행사 및 개별서비스 업체 고객을 위한 맞춤형 서비스로 **지속적, 정기적으로 플랫폼을 이용하게끔** 하는 전략
경쟁우위	▸담당교사의 고민과 관련 업무시간을 획기적으로 줄여주기 위한 다양한 학생 교육여행 콘텐츠와 **빠른 견적 제공** ▸**교사&여행사및관련업체 업무 트래킹**을 통해 스쿨트립 플랫폼을 지속적으로 이용하도록 유도(**Lock-in**)

3. 성장전략 (Scale-up)

3-1. 자금소요 및 조달계획

○ 자금소요 내역(2022년)

	항목	금액	산출근거
운전 자금	인건비		디자이너 : 3,500만원 학교영업, 마케팅 담당자 : 각 3,000만원 기술개발책임자 : 4,600만원
	오프라인 마케팅비		전국 학교 방문 및 전국 여행사&업체 방문 설명회 개최, 동영상제작, 브로슈어 제작 비용
	온라인 마케팅비		교사 모임 온라인 카페, 유명선생님블로그(홍보) 페이스북 AI타겟마케팅 비용(월320만원x10개월)
	지식재산권 확보비		특허출원 3건, 상표출원 1건에 대한 등록비용
	타사협업 계약서 변호사 자문료		타사 협업을 통한 교육여행프로그램 기획 판매 시 계약서 작성 자문 비용(12개 사 100만원씩)
	소계		
시설 자금	소프트웨어 사용료		MS office, 한글 등 업무용 소프트웨어 이용료
	장비 구입비		랜선투어 실시간방송 장비 구매비용
	서버 사용료		네이버클라우드 월10만
	소계		
합계			

○ 자금조달 계획(2022년)

내부자금조달	누적조달액	금년조달계획	외부자금조달	누적조달액	금년조달계획
자기출자			엑셀러레이터		
정부지원자금			엔젤투자자		
창업공모전			신용보증기금융자		
매출			기술보증기금융자		
합계			합계		

< 사업비 세부내역(정부지원금+대응자금) >

비 목	산출근거	금액(원)		
		정부 지원금	대응자금 (현금)	대응자금 (현물)
외주용역비				
기계장치구입비 (크라우드이용비)				
특허권 등 무형자산 취득비				
인건비				
연구개발비				
지급수수료				
여비				
교육훈련비				
광고선전비				
합 계				

3-2. 시장진입 및 성과창출 전략

3-2-1. 내수시장 확보 방안 (경쟁 및 판매가능성)

○ 내수시장 진입 계획

국내시장 규모		▸ 목표시장

	국내시장 규모	
TAM	전체시장(교육관련체험학습,여행 전체) : 35조	
SAM	유효시장(유년~대학 교육여행시장) : 5.5조	
SOM	목표시장(초중고 교육여행시장) : 1.2조 초중고 전체 학생수 5,584,249명X연간1인당 평균221,429원 교육여행에 소요	

자료: 2018 수학여행 체험학습 추진현황
(시도 교육청 현장학습 공개발표)

▸ 목표시장
- 전국 1만1천여개 학교, 1만여개 여행사
- 수련관,전세버스, 관광지, 보험 등 서비스업체

▸ 고객 확보 현황
- 교사 약 2천여명 활동
- 서울 경기권 **30개 학교고객 확보**
- 교육여행 관련 여행사 **업체 고객 76곳 확보**

시장진입형태		2022	2023
B2C (기존 매출영역)	온라인	schooltrip.store 활용 교육여행 단품판매	스쿨트립 브랜드 고도화를 통한 영유아 체험시장공략
	오프라인	0000 등의 국내 복합리조트와 협업	찾아가는 미술관 프로젝트 디지털아트 설치시장공략
B2G (스쿨트립 플랫폼)	온라인	교사 대상 온라인 이벤트 랜선체험학습 보편화	위치기반 교육여행간 학생 안전 확보를 위한 애플리케이션 개발 배포
	오프라인	다년간 쌓아온 교장 교감 및 전국 업체 네트워크 활용	전국 순회 학교 설명회 및 시도교육청 업무개선안 제안

○ 내수시장 진출 실적

유통채널명	진출시기	판매 아이템	판매금액
schooltrip.store	2021.7.1. ~ 2021.7.23.	0000협업 영어캠프	
schooltrip.kr	2021.10.1.~2021.12.12	랜선체험학습 프로그램	
schooltrip.club	2021.11.1.~2021.12.18	0000디지테리어작업	

3-2-2. 해외시장 진출 방안 (경쟁 및 판매가능성)

○ 해외 시장 진입 계획

해외시장 규모	목표시장
TAM 전체시장(세계청소년여행시장) : **약 294조** **SAM** 유효시장(인바운드 교육여행시장) : **3.2조 추산** **SOM** 목표시장(대만, 홍콩, 중국, 일본 4개국 교육여행인바운드, 국제교류) : **0.5조** 자료: Word Youth Student & Educational Travel, UNIWTO(국제연합세계관광기구) 보고서 2017	▸ 목표시장 - 가장 수요가 많은 대만, 홍콩, 중국, 일본 학교 랜선수학여행, **학교 간 온라인 사전교류** - 향후 베트남, 태국을 비롯한 동남아 지역 학교의 **한국 인바운드 수학여행** ▸ 고객 확보전략 - 영어, 중국어, 일본어 등 관광정보와 한국 인바운드 교육여행 콘텐츠를 다국어로 제작 - 국외 교육기관(학교 등)과 국내 학교 간 교류가 생길 수 있도록 플랫폼 내 기능 추가

시장진입형태		2022	2023
B2C	온라인	구글 애드워즈를 통한 홍보	국외 일반 학생들도 스쿨트립의 한국 관광정보를 활용할 수 있도록 다국어제작
	오프라인	-	K 콘텐츠를 즐기는 해외청소년들을 위한 한국학교 방문 프로젝트
B2G(Global)	온라인	스쿨트립 플랫폼 국제교류 카테고리의 다국어 서비스	외국 학교들을 대상으로 한국 교육여행에 대한 온라인 설명회 개최
	오프라인	사전 국제 학교간 온라인 교류 후 오프라인 방문교류 유도	해외 교육기관 및 학교들과 사전 교류학교 실제 방문 프로젝트

○ 글로벌 진출 실적

수출국가수	수출액	수출품목수	수출품목명
해당사항 없음			

○ 글로벌 진출 역량

해외특허 건수 (출원 제외)	국제인증 건수	국제협약체결 건수 (외국 현지기업과 MOU, NDA 등)

○ 수출분야 핵심인력 현황 : 1명

성 명	직 급	주요 담당업무	경력 및 학력
	부사장	-외국(일본) 투자유치 -학교 및 교육기관 영업 -여행사 및 개별사업체 영업 -**일본지역 전문가**로 시장공략	

4. 팀 구성 (Team)

4-1. 대표자·직원의 보유역량 및 기술보호 노력

○ 대표자 현황 및 역량

대표자 :	
학력/전공	
보유경력	
사업아이템과의 관계	

○ 현재 재직인원 및 고용계획

현재 재직인원 (대표자 제외)	4명	추가 고용계획 (협약기간 내)	2명

○ 직원 현황 및 역량

순번	직급	성명	주요 담당업무	경력 및 학력 등	채용 연월	일자리 안정자금 수혜여부
1			재무총괄/영업		'20.08	X
2			서비스기획/운영		'21.06	X
3			웹프론트 개발		'21.11	X
4			웹, 영상 디자인		'21.11	X

○ 추가인력 고용계획

순번	주요 담당업무	요구되는 경력 및 학력 등	채용시기
1	백엔드 개발, 서버 유지보수	IT분야 전공 학사 이상, 경력3년 이상 스타트업 근무 경험 우대	'22.05 예정
2	국내외 마케팅(콘텐츠 제작)	마케팅,디자인 관련 전문학사 이상 포토샵, 일러스트레이터 활용 우대 스타트업 근무 경험 우대	'22.07 예정

○ 업무파트너(협력기업 등) 현황 및 역량

순번	파트너명	주요역량	주요 협력사항	비고
1		전국 2000여개 중고등학교 일본어 교사 모임으로 활발한 활동	랜선수학여행상품 공동기획 교사업무지원 시스템 피드백	MOU 완료
2		산학 취업연계 인력 지원	학교 교육 특강 참여 인턴 인력 수급	MOU 완료
3		온 오프라인 최적화 광고 및 종합 홍보 대행	스쿨트립 플랫폼의 출시 후 각종 언론 홍보 및 온라인 마케팅	MOU 완료
4		인슈어테크 전문 스타트업	교육여행 전문 맞춤형 컨설팅과 그에 따른 알맞은 보험개발	MOU 완료
5		아티스트 활동 및 상업적 연결 플랫폼 서비스	스쿨트립 개발 기술 컨설팅 학교 대상 방문 미술교육 제안	MOU 완료
6		일본어 전공 인력 지원	학교 내 행사 대행 기획 일본어 교육프로그램 진행	MOU 완료
7		국내 최대 OTA 랜선투어 기술 보유	주말 제주도 교육여행상품 기획	MOU 완료
8		국내 최고의 복합리조트	교사연수, 주말 인문학 교육, 영어캠프 프로그램 공동 기획 판매	MOU 완료
9		영어 교육 프로그램 다수 보유, 원어민 강사 보유	주말 영어 캠프 추진 시 교육프로그램 설계 진행	MOU 완료
10		새로운 형태의 코딩부트캠프	공동 기획으로 전국 학교 대상 IT 및 코딩 기초 교육 공급	MOU 완료
11		스마트관광 연구기관	스마트교육관광 콘텐츠 연구 산학협력	MOU 완료
12		지역 관광상품 개발 및 관광콘텐츠 제작	지역별 교육여행 디지털 콘텐츠 제작	MOU 완료
13		해양체험관광지 개발 관련 콘텐츠 제작	교육여행용 해양관련 콘텐츠 공동 개발	MOU 완료
14		학교공간 디지테리어 구축	학교시장 영업 총판계약	계약 및 MOU완료

○ 기술보호 노력

○ ㈜교육여행연구소 자체적으로 기술보호를 위한 10대 핵심수칙에 대하여 관리 규정을 수립하고 지속적인 보안 점검 실시
  - 기술보호를 위한 관리규정 수립&실시
  - 보안관리 전담인력 지정하여 기술보호감사를 정기적으로 실시하고 전 직원대상으로 기술보호 교육실시
  - 핵심인력 뿐 아니라 직원 퇴직 시에 대한 관련규정을 수립하고 철저히 사후관리
  - 중요서류는 별도보관, 반출관리하며, 자료를 임의로 복제·반출 금지 및 관리
  - 연구노트를 필수적으로 작성하도록 하며, 연구 자료에 대한 모든 산출물 부분은 기술자료 임치제도를 활용 임치.

4-2. 사회적 가치 실천계획

<중소기업 성과공유제 도입현황 및 계획 >

제도명	도입 여부	주요내용	실적*
내일채움공제	예정('22.09)	5년 이상 장기 재직한 직원에게 중소기업과 공동적립금과 복리 이자를 성과보상금 형태로 지급	연차별 적용으로 '26년까지 근로자 18인 적용
스톡옵션	예정('22.12)	제도도입 이후 기업 주주총회를 통해 스톡옵션 부여	총 2명, 5000주 (32,500,00원) 행사
사내근로복지기금	예정('23.06)	기금조성 및 기금법인 설립, 운용규정 마련	7,000만원

4-3. 지역특화 아이디어 기반 사업추진계획
해당사항 없음

TOURISM

STARTUP

관광스타트업

초판 1쇄 발행 2022년 9월 8일

지은이 윤지환, 한석호, 정명, 이용찬
편집 윤소연, 정재우
디자인 호예원

마케팅 총괄 임동건 **마케팅** 전화원, 한민지, 이제이, 한솔, 한울 **경영지원** 이지원
펴낸이 최익성 **출판총괄** 송준기
펴낸곳 파지트 **출판등록** 2021-000049호

제작지원 플랜비디자인
주소 경기도 화성시 동탄원천로 354-28
전화 031-8050-0508 **팩스** 02-2179-8994 **이메일** pazit.book@gmail.com

ISBN 979-11-92381-20-6 (03320)